Preston Ulmer

Anders als geglaubt

Mit Christus vor Augen Dekonstruktion verstehen

PRESTON ULMER

Anders als geglaubt

Mit Christus vor Augen
Dekonstruktion verstehen

Aus dem amerikanischen Englisch
von Renate Hübsch

SCM
R.Brockhaus

SCM

Stiftung Christliche Medien

SCM R.Brockhaus ist ein Imprint der SCM Verlagsgruppe, die zur Stiftung Christliche Medien gehört, einer gemeinnützigen Stiftung, die sich für die Förderung und Verbreitung christlicher Bücher, Zeitschriften, Filme und Musik einsetzt.

MIX
Papier | Fördert gute Waldnutzung
FSC® C014496
FSC www.fsc.org

Max-Eyth-Straße 41 ·71088 Holzgerlingen
Internet: www.scm-brockhaus.de; E-Mail: info@scm-brockhaus.de

Originally published in English in the U.S.A. under the title:
Deconstruct Faith, Discover Jesus

Zitate zu Kapitelbeginn sind, wenn nicht anders angegeben, Eigenübersetzungen.

Übersetzung: Renate Hübsch
Lektorat: Esther Schuster
Umschlaggestaltung & Grafiken: Andreas Sonnhueter; grafikbuero-sonnhueter.de
Satz: typoscript GmbH, Walddorfhäslach
Druck und Bindung: GGP Media GmbH, Pößneck
Gedruckt in Deutschland
ISBN 978-3-417-01012-1
Bestell-Nr. 227.001.012

INHALT

Für Piper und Brennan.
Dieses Buch soll euch daran erinnern,
dass ihr mir immer mehr bedeuten werdet
als Tradition oder Religion.

VORWORT

Liebe Leserin, lieber Leser,

dieses Buch schreibe ich als Fürsprecher – stellvertretend für alle, die eine Dekonstruktion des Glaubens fordern, weil sie sehen, welchen Schaden bestimmte christliche Traditionen und Sichtweisen angerichtet haben. Auch ich habe einiges an Unrecht, das auf diesen Seiten erwähnt wird, selbst beobachtet, gespürt und erlitten, aber nicht annähernd in dem Ausmaß wie andere. Meine Interviews und Recherchen haben rasch gezeigt, dass ich mit meinen Erfahrungen nicht zu denen gehöre, die am stärksten von dem geistlichen Missbrauch betroffen sind, der in Glaubensgemeinschaften geschehen kann. In der Tat werden meine Worte und Gedanken – Worte und Gedanken eines weißen, heterosexuellen Mannes aus der amerikanischen Mittelschicht – nie ganz die persönlichen Geschichten und die Verletzungen erfassen, die viele in sich tragen (vielleicht ja auch du). Abgesehen davon hat meine Arbeit als Pastor mein Denken wahrscheinlich auf eine Weise geprägt, die es mir niemals ganz erlauben wird, bestimmte Illusionen zu durchschauen.

Ich hoffe, dass ich das, was ich vielleicht an Einfluss und Bekanntheit habe, nutzen kann, um Menschen zu helfen, schädliche Praktiken hinter sich zu lassen, die anscheinend mit dem modernen Evangelikalismus verknüpft sind. Damit befinde ich mich in einer seltsamen Position, aber ich bin dort aus Überzeugung, weil mir euer Wohl am Herzen liegt! In vielen Ausdrucksformen des Glaubens gibt es ganze Welten von Schmerz, Angst und Manipulation, die unbedingt ein Ende finden müssen. Und so wünsche ich mir, dass die Worte in diesem Buch Stürme besänftigen, die besänftigt werden müssen, und Stürme entfesseln, die bestanden werden müssen.

Und schließlich ist es mein Herzenswunsch an euch, meine Leserinnen und Leser, dass die Menschen »am Rande«, die »Kirchenfernen«, wieder gestärkt werden. Nicht nur erreicht. Gestärkt. Dass sie Möglichkeiten zur Einflussnahme bekommen. Die Geschichten in diesem Buch repräsentieren eine wachsende Bevölkerungsgruppe, die sich (in vielen Fällen) für die richtigen Dinge einsetzt. Ich hoffe und bete, dass wir gemeinsam einen Glauben finden, der nach Jesus schmeckt, und uns mit nichts weniger zufriedengeben.

Preston

EINLEITUNG
EIN PLÄDOYER FÜR DEKONSTRUKTION

Nichts ist so weltlich, dass es nicht heilig sein könnte,
und das ist eine der tiefsten Botschaften der Menschwerdung Christi.

MADELEINE L'ENGLE, WALKING ON WATER

Hoffe nicht. Beobachte. Denn wenn du das tust, wirst du sehen,
wie viele Wunder es auf dieser Welt tatsächlich gibt,
und du wirst kein Zyniker mehr sein.

FLORA IM FILM FLORA & ULYSSES

Mit dem Schreiben dieses Buches habe ich mich auf ein gefährliches Terrain begeben. Respektloses Terrain, auf dem nicht viel heilig ist.

Es hat mich überrascht, Christus dort zu finden.

Die zahllosen Stunden von Interviews und manchmal gefühlt nicht enden wollenden Gesprächen mit Christen und mit Menschen, die sich vom Glauben abgewandt haben, bargen immer ein Risiko. Von Glaubensgeschwistern hörte ich oft Bemerkungen wie diese:

»Wie willst du denn in deinem eigenen Glauben stark bleiben?«

»Pass auf, dass du nicht zum Skeptiker wirst.«

»Was ist, wenn *ihre* Fragen dich dazu bringen, dass *du* Atheist wirst?«

Durch meine Arbeit im Doubters' Club bin ich solche Bemerkungen gewohnt. Sichere Räume zu schaffen, in denen Christen und Nichtchristen miteinander ins Gespräch kommen können, und dieses Gespräch zu moderieren, ist nicht unbedingt ein Weg, »auf Nummer sicher zu gehen«. Aber die Warnungen fühlten sich nach mehr an als nach einem bloßen Echo dieser Erfahrungen.

Anrufe, Mails und Textnachrichten mit diesem Inhalt drücken allesamt berechtigte Sorgen meiner evangelikalen Freunde aus. Sie wollten nicht miterleben, wie ich »von der Seite des Gekreuzigten auf die Seite derer wechselte, die ihn kreuzigen«, wie der Neutestamentler C. F. D. Moule formulierte.[1] Aber auch von den Glaubensskeptikern bekam ich eine Reihe verschiedener Meinungen zu hören.

»Ihr Christen müsst erst einmal selbst die harte Realität eures Hasses erfahren!«

»Und wann hast du beschlossen, kein Christ mehr zu sein?«

»Wie um alles in der Welt kannst du in der kirchlichen Welt arbeiten und so denken, wie du es tust?«

Versteh mich nicht falsch. Ich habe mich nicht zwischen diesen beiden Lagern bewegt, damit eine gute Geschichte für dieses Buch dabei herausspringt. Vor einigen Jahren, als ich selbst in einem Prozess der Dekonstruktion steckte, habe ich verzweifelt nach einem Glaubenssystem gesucht, das in den Stürmen des Lebens nicht in Mitleidenschaft gezogen werden würde. Das theologische Gebäude, das ich geerbt hatte, war nicht mein eigenes, und ich wusste, dass es ein Problem mit dem Fundament gab. Es dauerte seine Zeit, aber schließlich hat mich die Geschichte von Jesus und seinem Leben überzeugt und mir Frieden geschenkt. Das Leben von Jesus – das ist jetzt der Eckpfeiler meiner Ansichten über Gott, die Bibel, die Hölle, Politik, Sexualität und jedes andere Tabuthema (und bei keinem davon sind die Evangelikalen die Marktführer).

Dieses Projekt hat mich sehr weit zurückgeführt, bis zu meinem Fundament – dem Teil eines Hauses, den niemand bemerkt, solange er nicht bröckelt. Ich habe den christlichen Glauben keineswegs verworfen. Im Gegenteil, ich bin überzeugt, dass Jesus ein besseres Christentum verdient als das, was wir vielfach in der westlichen Welt sehen und das diese herzzerreißenden Geschichten hervorgebracht hat.

> Ich habe den christlichen Glauben keineswegs verworfen. Im Gegenteil, ich bin überzeugt, dass Jesus ein besseres Christentum verdient als das, was wir vielfach sehen.

Wenn du genau hinsiehst, wirst du feststellen, dass Christen wie Nichtchristen oft schlicht übersehen, auf welche Weise Jesus seinen Glauben gelebt hat – nämlich indem er die Teile der Religion abgebaut hat, die die Menschen falsch verstanden hatten oder falsch lebten, um dafür die Liebe zu Gott und den Nächsten authentischer zum Ausdruck zu bringen. In mancher Hinsicht sind die Nicht-mehr-Christen weit hinter die Warnschilder für verbotenes Gelände hinausgegangen in das Gebiet des Glaubensabfalls. Diese Orte werden beim weiteren Lesen erkennbar werden. Aber nicht jeder, der das Etikett »Christ« vermeidet, hat einen jesuszentrierten Glauben hinter sich gelassen. Manche haben einen ziemlich verwirrenden (aber historisch betrachtet der christlichen Lehre entsprechenden) Ansatz, über ihren zu Glauben sprechen. Er ist losgelöst von allen dogmatischen und missbräuchlichen Ausprägungen des Fundamentalismus. Sie vermeiden das Etikett »christlich«, weil das Christentum zu sehr mit dem dogmatischen Fundamentalismus verwoben ist. Sie werden nie wieder evangelikal sein, aber sie beschäftigen sich ständig mit Jesus und seinen Aussagen und Taten. Ein Pastor, den ich kenne, der zu dieser Gruppe gehört, bezeichnete sich selbst als einen, der »durch« ist. »Ich bin durch mit dem Christentum, aber ich liebe Jesus«, sagte er mir. Und nachdem ich seine Geschichte des Missbrauchs durch seinen Vater, der Diakon in ihrer Gemeinde war, gehört habe, würde ich mich an seiner Stelle wohl auch nicht als Christ bezeichnen. Ich habe festgestellt, dass diese Gruppe von Leuten, die »durch« sind, zunehmend Mitgefühl für die Armen und Ausgegrenzten zeigt. Sie blühen auf angesichts von fehlenden Gewissheiten, von Geheimnisvollem und darin, Menschen Liebe zu zeigen. In vielen Fällen wurden bei diesen Menschen von Männern und Frauen in Machtpositionen Grenzen überschritten und es wurden ihnen Verletzungen zugefügt. Ihnen wurde gesagt, sie seien keine Christen, und zwar *bevor* sie sich entschieden, den Glauben hinter sich zu lassen.

Vor dem Ausstieg ins Exil geschickt.

Ausrangiert, weil sie mit Fragen und Positionen rangen.

Als »Problemfall« bezeichnet, weil sie Spannungen erkannten.

Und dann nicht beachtet, weil sie nicht mehr da waren.

Ich habe einmal gehört, wie der Pastor einer Megakirche zu Gemeindegründern sagte: »Macht euch keine Sorgen um die, die nicht gekommen sind. Liebt die, die gekommen sind.« Doch hier lautet die unbequeme Wahrheit für alle, die sich Christen nennen: *Gott wird immer denen Beachtung schenken, die nicht kommen* – deshalb hat er Jesus geschickt. Gott wird immer den Nicht-Überzeugten den Vorrang geben. Er wird immer Raum schaffen für die Ausgegrenzten, und er wird sich auf die Seite der Skeptiker stellen, wenn er kann. Die Bibel offenbart einen ganz anderen Gott als den, von dem sich so viele Menschen abgewandt haben. Der Gott, der uns in Jesaja 1,18 aufruft, darum zu streiten, wer im Recht ist, weiß, dass das Herz Gründe hat, die der Verstand nicht kennt. Das Herz braucht die Menschwerdung Gottes in Jesus, um davon überzeugt zu werden, dass es wirklich erkannt und wirklich geliebt ist. *Das* ist der eigentümliche Gott, den wir in Jesus Christus finden. Ein Weltenschöpfer, der Mensch wird!

Wer auch immer uns gesagt hat, dass Gott so heilig ist, dass er nicht in der Gegenwart der Sünde sein kann, hat sich geirrt. Eben weil Gott heilig ist, muss er wie ein Sünder werden, um die Sünder zu gewinnen. Der Theologe Dietrich Bonhoeffer hat darüber oft nachgedacht. »Gott schämt sich der Niedrigkeit des Menschen nicht, er geht mitten hinein, er wählt einen Menschen zu seinem Werkzeug und tut seine Wunder dort, wo man sie am wenigsten erwartet. Gott ist nahe der Niedrigkeit, er liebt das Verlorene, das Unbeachtete, Unansehnliche, das Ausgestoßene, das Schwache und Zerbrochene.«[2]

Wenn Gottes Plan, die zu erreichen, die scheinbar außerhalb seiner Reichweite liegen, die Menschwerdung war, sollten dann nicht alle unsere Versuche, die Verlorenen zu erreichen, dasselbe voraussetzen? Auf Armeslänge Abstand, aus der Sicherheit der Kirche[3] heraus, kann nicht viel erreicht werden. Wir können auch nicht erwarten, dass Pastoren und Lehrer über das Maß dessen hinausgehen, das wir selbst nicht zu erkunden bereit sind.

Gott wusste, dass seine größte Chance, den Himmel zu bevölkern, darin bestand, einer von uns zu werden und alle Dimensionen des Menschseins zu durchleben. Und so gilt: »Dieser Hohe Priester versteht unsere Schwächen, weil ihm dieselben Versuchungen begegnet sind wie uns, doch er wurde nicht schuldig« (Hebräer 4,15). Wir brauchen keine direkte Begegnung mit Jesus von Angesicht zu Angesicht, um uns davon zu überzeugen, wie sehr wir geliebt sind. Aber Christus, der ohne Sünde war und als Mensch in die Welt kam, zeigt uns, dass Gott uns so liebt, wie wir sind, nicht, wie wir sein sollten.

Die Menschwerdung sagt uns, dass Gott uns liebt, keine Angst vor uns hat und möchte, dass wir keine Angst vor ihm haben. Wie also erklären wir diese Wahrheiten den Meistern des Misstrauens unserer Zeit? Den dekonstruierenden, desorientierten, unbeteiligten Skeptikern?

Wir werden wie sie, nur ohne die Skepsis.

Wenn wir lernen, mit den Augen unserer verlorenen Brüder und Schwestern zu sehen, werden wir immer überzeugendere Menschen. Und sobald wir den Gedanken ernst nehmen, dass Gott es für am vielversprechendsten hielt, einer von uns zu werden, um uns für sich zu gewinnen, werden wir den Gedanken ernst nehmen, dass wir vielleicht dasselbe tun müssen.

Für jede Gruppe, die wir für verloren, falsch informiert oder sogar unerreichbar halten, gilt: Gott lädt uns ein, in ihren Schuhen zu laufen. Ihre Sprache zu lernen. Ihr Essen zu essen. Wir müssen nicht nur ihre Namen kennen, sondern auch ihr Etikett teilen. Wenn es um die wachsende Zahl von Nicht- oder Nicht-mehr-Christen geht, die sich vom Glauben abwenden, müssen wir mit ihrer Realität in Berührung kommen. Wir müssen ihre Schwächen und Versuchungen kennen, aber alldem begegnen, ohne uns selbst vom Glauben abzuwenden. Dazu müssen wir wie ein Dekonstruierender denken und dem Leben wie ein Dekonstruierender begegnen. Die Bibel sagt uns, dass Jesus »nicht schuldig« geworden ist. Das bedeutet, dass Jesus das, was sich so weltlich anfühlt, aufgenommen und heilig gemacht hat. Wie schuldbeladen und weltlich uns eine Dekonversion, eine Abwendung vom Glauben, auch vorkommen mag – die rettende Gnade dafür besteht darin, selbst ein Dekonstruierender zu werden.

Für jede Gruppe, die wir für verloren, falsch informiert oder sogar unerreichbar halten, gilt: Gott lädt uns ein, in ihren Schuhen zu laufen.

Alles neu durchdenken – im Interesse der Skeptiker

Dieses Buch ist eine Einladung an Christen, die verzweifelt versuchen, eine Beziehung zu ihren Freunden und Familienmitgliedern aufzubauen, die dem Christentum skeptisch gegenüberstehen. Wenn das auf dich zutrifft, dann lade ich dich zu einem Menschwerdungsprozess ein – um der Menschen willen, die noch nicht erfahren haben, wie Christus einen kritischen Geist einer Taufe unterziehen kann. Und so wie Gott in der Menschwerdung noch einmal verkündete, dass Männer und Frauen heilig sind, so müssen wir die Welt daran erinnern, dass das Dekonstruieren ebenfalls heilig ist. Wie unwissend sind wir doch, wenn wir Jesus in Bezug auf seine Worte folgen, aber nicht in seiner Menschwerdung.

Eines der wichtigsten Bücher, die ich je gelesen habe, war für mich der Titel *Verkörperter Schrecken* von Bessel van der Kolk. Aus diesem Buch habe ich mehr über die Ganzheitlichkeit meiner Existenz (Körper, Seele und Geist) gelernt als aus meinen über dreißig Seminaren. Der Autor stellt ein kühnes neues Leitbild für Heilung vor. Eine kurze Geschichte in diesem Buch erinnert uns alle daran, wie wirkungsvoll es sein kann, wenn sich jemand entscheidet, in den Schuhen eines anderen zu gehen:

In dieser Geschichte erzählt ein Mann, wie er sich mit einer Gruppe ehemaliger Marinesoldaten zu einem Erstgespräch trifft. Erst möchten sie nicht über den Krieg reden und so schweigen sie eine Weile. Dann fängt einer der Veteranen an, von seinem Hubschrauberabsturz zu sprechen, und auch die anderen steigen ein und erzählen emotional über ihre traumatischen Erfahrungen. Die Veteranen kommen auch die nächsten Wochen wieder, weil sie in der Gruppe Resonanz und Sinn finden in dem, was vorher für sie nur Gefühle des Schreckens und der Leere gewesen waren. Ihnen wurde der Gesprächsinitiator so wichtig, dass sie darauf bestanden, dass er Teil ihrer neu gegründeten Einheit werden sollte, und ihm eine Capitainsuniform der Marine schenkten.[4]

Van der Kolk greift diese Idee in einem Bericht über eine andere Erfahrung in der Arbeit mit Kriegsveteranen wieder auf. Sein

Bericht endet mit den Worten: »Zu Weihnachten schenkten sie mir eine Armbanduhr aus den 1940er-Jahren, die von GIs stammte. Wie bei meiner Gruppe von Marines konnte ich nicht ihr Arzt sein, es sei denn, sie machten mich zu einem von ihnen.«[5]

Wir müssen denen ähnlich werden, denen wir helfen wollen. In diesem Fall könnte die Erneuerung des Denkens beinhalten, dass man alles, was man zu wissen glaubte, noch einmal überdenkt, um der Skeptiker willen (Römer 12,2). Wie Shane Parrish gesagt haben soll: »Das beste Denken ist das Überdenken.«

Es ist keine Phase – es ist ein heiliger Prozess

Dieses Buch vertritt die These, dass Dekonstruktion nicht nur eine Einladung ist, sondern auch ein heiliger Prozess, an dem du zusammen mit deinen nicht christlichen Freunden und Verwandten teilnehmen kannst. Ich vermute, falls du Christ bist, liest du diese Zeilen mit einer hochgezogenen Augenbraue, einem zur Seite geneigten Kopf und einer Liste von Einwänden. »Ich könnte mich auch gleich outen …«

Dekonstruktion ist ein Spezialgebiet Jesu, und die Anhänger Jesu täten gut daran, es sich zurückzuerobern.

Dekonstruktion ist ein Spezialgebiet Jesu, und die Anhänger Jesu täten gut daran, es sich zurückzuerobern. Das ist die zentrale, kontroverse These dieses Buches.

Zwar ist ein großer Teil dieses Buches der Frage gewidmet, was genau Dekonstruktion ist und inwiefern sie hilfreich ist, aber es gibt eine ziemlich klare Definition, die das Wesen des Begriffs erfasst. Dekonstruktion bedeutet, »eine Idee, eine Praxis, eine Tradition, einen Glauben oder ein System in kleinere Bestandteile zu zerlegen, um ihre Grundlage, ihren Wahrheitsgehalt, ihren Nutzen und ihre Auswirkungen zu untersuchen«.[6]

Dieses Buch will dich in die Denkweise eines Dekonstruierenden einladen. In eine Weltsicht, die dir ein großes Fassungsvermögen für Paradoxien verleiht. In einen geistigen Freiraum, der schwerer wiegt als unser Eigeninteresse, recht zu haben. Dazu, den christlichen Glauben als untrennbar von der christlichen Ethik zu betrachten. Denn was wir über Menschen denken, bestimmt tatsächlich, wie wir sie behandeln.

Ursprünglich wollte ich ein Buch schreiben, das die Dekonstruktion des Christentums der Rekonstruktion einer großzügig ausgelegten Glaubenslehre ausgewogen gegenüberstellt, sodass es für den zweifelnden Ex-Evangelikalen ansprechend ist. Ein Buch, in dem die Worte und Taten Jesu im Mittelpunkt stehen sollten. Und dazu kommen wir auch noch. Aber das wird nicht das Ziel unserer Reise sein. Ich bin zwar der festen Überzeugung, dass es das Ziel jeder Dekonstruktion sein sollte, zu einer jesuszentrierten Grundlage zu gelangen, aber ich glaube nicht, dass es darum geht, beide Aspekte in Einklang zu bringen. Nachdem ich mehr als sechzig Interviews für dieses Buch geführt habe, habe ich gelernt, dass Dekonstruktion eine Geistesdisziplin ist. Eine Methode für den nachdenkenden Jesus-Nachfolger. Offen gesagt, ist sie ein Weg, Christ zu bleiben.

Dekonstruktion ist so, als jäte man Unkraut in einem Blumenbeet. Es gibt Werkzeuge dafür und Arten und Weisen, um es erfolgreich zu tun. Und es muss ständig getan werden. Ansonsten wird die Schönheit Gottes durch die wilde Natur erstickt.

Mein Ziel ist es nicht, dir aufzuzeigen, *was* du dekonstruieren musst, sondern *wie* du es tun kannst. Es geht mir auch nicht darum, jemandem zu sagen, dass er ein stolzer, elitärer Denker werden müsse. Ganz im Gegenteil! Wenn wir anfangen, uns als etwas anderes zu identifizieren als ein Kind Gottes, hören wir auf, die zu sein, als die Gott uns geschaffen hat. Das gilt auch, wenn wir uns als »Dekonstruierenden« betiteln. Es ist höchst problematisch, wenn es zu unserem bestimmenden Identitätsmerkmal geworden ist. Ich hoffe, dass das Vermächtnis eines scharfen Verstandes von denen zurückerobert wird, die wissen, dass das Christentum mehr zu bieten hat als das, was wir derzeit erleben.

> Dekonstruktion ist ein Weg, Christ zu bleiben.

Für manche ist die Dekonstruktion des christlichen Glaubens nichts weiter als eine respektlose persönliche Irrfahrt. Für andere ist es die einzige Möglichkeit, überhaupt Christ zu sein. Wenn du selbst zu keinem dieser beiden Lager gehörst, dann kennst du sicher jemanden, auf den das zutrifft. Zum jetzigen Zeitpunkt ist das eine unvermeidliche Realität. Alle reden von Dekonstruktion, und so rasch wird sich das nicht ändern.

Vielleicht denkst du, das Hinterfragen des Christentums sei nichts weiter als eine »Lebensphase«. Eine Zeit, irgendwann in der Pubertät, in der Menschen Fragen nach Gott stellen.

Tun wir das nicht alle?

Und vielleicht bist du es gewohnt, dass die Kirche an diesem Punkt Zweiflern mit Apologetik begegnet. Ein paar Lektionen in Kleingruppen, vielleicht sogar eine Konferenz zum Thema »Wie man seinen Glauben verteidigt«, und zack!! Krise abgewendet. Als ich das letzte Mal nachgesehen habe, ist die Kirchenmitgliedschaft landesweit zum ersten Mal seit 1940 unter 50 Prozent gefallen. Über den Rückgang der Kirchenmitgliedschaft hinaus gibt es eine ständig wachsende Zahl von Amerikanern, die kein Interesse an Religion bekunden.[7] Das zeigt: Es geht hier um mehr als um eine »Phase«.

Vielleicht ist Dekonstruktion für dich ein Modewort. Etwas, das ständig im Internet auftaucht. Es weckt ähnliche Empfindungen wie das Wort Kryptowährung. Du weißt, dass es sie gibt und dass wir uns alle damit befassen sollten, aber die Sache scheint zu kompliziert zu sein. Überlassen wir sie den Profis. Das einzige Problem dabei ist, dass die Profis diejenigen sind, die Dekonstruktion betreiben, und sie nehmen die Massen mit. Wenn man Schlagworte oft genug benutzt, werden sie normal.

Ich glaube, diesen Punkt haben wir erreicht.

Für viele Christen ist Dekonstruktion keine Phase und kein Modewort, sondern eine Gewohnheit. Es ist der Betriebsmodus ihres Gebetslebens und ihrer Bibellektüre. Es ist die unvermeidliche Spannung zwischen dem, was jemand zu glauben *behauptet*, und dem, was er *tatsächlich glaubt*, was Jesus vielleicht sagt. Möglicherweise beschreibt das dich. Dekonstruktion ist keine Kategorie – sie ist Teil deiner Denkweise. Du bist ein Dekonstruierender. Dein Verstand wägt alles ab. Und in letzter Zeit hat dich alles, was das evangelikale Christentum betrifft, runtergezogen. Die gute Nachricht ist: Du bist in guter Gesellschaft! Und die noch bessere Nachricht?

Du bist in der Gesellschaft von Jesus.

Als Dekonstruierender bist du in der Gesellschaft von Jesus.

Jesus ist unser Reiseführer auf dieser Glaubensreise. Und ich hoffe, dass du immer wieder einen Seufzer der Erleichterung ausstößt, wenn du diese Seiten liest. Jesus zu folgen ist immer noch der beste Weg, und Hinterfragen ist erlaubt. Und wenn du erst einmal selbst von unserem dekonstruierenden Erlöser getröstet worden bist, kannst du die Methode, die ich auf den folgenden Seiten vorstelle, auch anderen als Trost anbieten.

In diesem Buch kommen viele Menschen zur Sprache, die mitten in dem Prozess stecken, ihre Geschichte zu verarbeiten. Und wo immer sie schließlich landen – zu dem, was sie werden, gehören Dekonstruktion und Rekonstruktion, der Abbau von Glaubensvorstellungen und der Wiederaufbau ihres Glaubens, als wesentliche Bestandteile hinzu.

Ich sollte dich auch noch etwas wissen lassen, was du vielleicht schon ahnst: Auch für mich selbst sind die Seiten dieses Buches ein Weg der Verarbeitung.

Weil ich mich an Christus gebunden habe, muss ich all die Geschichten und Statistiken ernst nehmen. Außerdem versuche ich herauszufinden, wie ich den Glauben an meine eigenen Kinder weitergeben kann. Ich habe ein persönliches Interesse an diesem Thema, weil ich möchte, dass meine Kinder die Wahrheit besser kennenlernen, als ich es getan habe. Mein Buch enthält einige erschütternde Geschichten, und ich möchte, dass meine Familie so etwas um jeden Preis vermeiden kann. Wenn sich dieses Buch also eher persönlich als wissenschaftlich anfühlt, liegt das daran, dass es das auch ist. Ich werde oft die Experten zitieren, aber ich schreibe nicht für sie. Dieses Buch ist für jeden Christen und jede Christin, die sich eine Glaubenslehre mit mehr Weite wünschen. Eine, die Zweifel bei sich und anderen zulässt und damit rechnet.

In seinem Buch *The Anatomy of Deconversion* stellt der Autor John Marriot fest:

> *Christen aller Couleur müssen darüber nachdenken, welche Art von Glauben sie an die Menschen weitergeben, denen sie dienen. Handelt es sich um ein zerbrechliches und aufgeblähtes Kartenhaus aus Kernaussagen des Glaubens und unseren eigenen, zur allein wahren Lehre erhobenen Mikrotraditionen, an die man glauben muss, um gerettet zu werden? ... Die Ironie besteht darin, dass gerade die Mittel, die manche Kirchen eingesetzt haben, um ihre Gläubigen bei der Stange zu halten, erheblich zu deren Abkehr beigetragen haben.*[8]

Wichtiger als die Stabilität der christlichen Lehre scheint die Fähigkeit zu sein, wie ein echter Christ zu lieben. Und das ist die

Grundlage jeder Lehre, die wir anderen überhaupt vermitteln wollen! Nimm dieses Buch also als einen Versuch, den Dekonstruierenden in eine neue Zeit der Rekonstruktion hineinzulieben und Jesus genug zu lieben, um ihm selbst in eine solche neue Zeit zu folgen, sollte er uns in seiner unendlichen Weisheit auf diesen Weg einladen.

Ich habe den Eindruck, dass der Geist uns alle in eine Richtung führt, in der es darum geht, einen Glauben zu hinterfragen, der nicht funktioniert.

Warum dekonstruieren?

TEIL 1

1

DEKONSTRUKTION IST TEIL UNSERES GEISTLICHEN ERBES

Ich muss mir immer wieder vor Augen führen,
dass manche Vögel nicht dazu bestimmt sind, im Käfig zu leben.
Ihr Gefieder ist einfach zu bunt. Und der Teil von dir,
der weiß, dass es eine Sünde war,
sie einzusperren, freut sich, wenn sie wegfliegen.

RED (MORGAN FREEMAN), DIE VERURTEILTEN

Wer seine Leiche im Keller nicht loswird,
bringt ihr am besten das Tanzen bei.

GEORGE BERNARD SHAW, UNREIF

Jedes Mal, wenn ich gebeten werde, über das Thema Dekonstruktion zu sprechen, versuche ich im Vorfeld so viel wie möglich zu recherchieren, um herauszufinden, wer im Publikum sein wird. Wenn ich weiß, aus welcher Prägung die Christen kommen, die mir zuhören werden, hilft mir das, mögliche Einwände vorherzusehen. Die Dürftigkeit unserer Lehren wird in der Regel deutlich, wenn wir über Themen wie eine Reform des Christentums, verletzende Gemeindekulturen, geistlichen Missbrauch und darüber sprechen, warum wir auf Kritiker hören sollten. Zum einen mag das daran liegen, dass wir nicht glauben wollen, dass solche Scheußlichkeiten im Namen Gottes geschehen sein könnten. Zum anderen daran, dass wir, sollten wir diese Dinge als wahr anerkennen, zugeben würden, dass wir zu dem Problem beigetragen haben könnten. Wie auch immer, die einzelnen Bereiche der Dekonstruktion scheinen oft ein Tabuthema zu sein.

Für eine Veranstaltung wurde ich gebeten, einen einstündigen Vortrag unter der Überschrift »Heilige Dekonstruktion« zu halten. Die Veranstaltung fand in Nordkalifornien statt, wo man vernünftigerweise davon ausgehen kann, dass die Menschen über den Horizont ihrer eigenen Sichtweise hinausblicken – zumindest dachte ich das. Manchmal stelle auch ich Vermutungen darüber an, wie konservativ oder progressiv jemand ist, je nachdem, wo er wohnt. Ich hatte jedoch einen Saal voller Pastoren vor mir, und wie Upton Sinclair es ausdrückt: »Es ist schwierig, jemanden dazu zu bringen, etwas zu verstehen, wenn sein Gehalt davon abhängt, dass er es nicht versteht!«[9]

Da ich aus dem klimatisch extremeren Inland im Mittleren Westen kam, war ich überrascht, so viele Pastoren in Shorts oder Badehosen im Saal anzutreffen. Der Moderator las die kurze Zusammenfassung des Themas vor, die ich ihm einige Wochen zuvor geschickt hatte, was mir genug Zeit gab, mein Handy auszuschalten und einen Kaffeefleck auf meiner Hose zu bemerken, als ich nach vorn ging. Ich sprach vierzig Minuten lang darüber, inwiefern eine dekonstruierende Denkweise (in ihrer reinsten Form) mit der Denkweise von Jesus verwandt sein kann. Sobald mein Vortrag zu Ende war und die Fragerunde begann, schoss eine Hand aus der ersten Reihe in die Höhe wie eine Kugel aus dem Lauf. Leuten, die in der ersten Reihe sitzen und mutig genug sind, Fragen zu stellen, gehört immer meine Hochachtung.

»Danke, dass Sie hier sind«, begann der Fragesteller herzlich. Die Ruhe vor dem Sturm. »Dieses ganze Thema der Dekonstruktion erinnert mich an die Frage der Schlange an Eva: ›Hat Gott das wirklich gesagt?‹ Im Grunde empfehlen Sie den Menschen, Gottes Wort infrage zu stellen. Das ist die älteste Sünde überhaupt! Sie sagen uns, dass es gut ist, unseren Glauben zu dekonstruieren? Ich habe Jugendleiter, die das gerade tun, und es bringt sie dazu, die Bibel infrage zu stellen. Wie soll ich ihnen beim Dekonstruieren helfen, wenn es dazu führt, dass sie das infrage stellen, was die Bibel meiner Überzeugung nach sagt?«

Ich wollte gerade antworten, als ich merkte, dass das Verhör noch nicht zu Ende war. Der Mann fuhr fort: »Glauben Sie nicht, dass diese Dekonstruktionsmethode gefährlich ist, wenn sie dazu führt, dass die Jugendleiter die Bibel anders sehen? Wie können sie in unserer Gemeinde mitarbeiten, wenn wir nicht dasselbe glauben?«

Und zum Schluss stellte er eine Frage, die ich nie vergessen werde: »Was, wenn wir den Menschen beibringen, die Bibel durch die Brille Jesu zu lesen, und das dazu führt, dass wir *alle* unsere Meinung über die Aussagen der Bibel ändern?«

Ich muss sagen, ich habe selten eine so ehrliche, ungefilterte Frage gehört. Ich habe damals nicht vollständig erklärt, welche Auswirkungen diese Frage wirklich hat, aber ich habe mein Gegenüber wissen lassen, dass er den Sinn des Vortrags eindeutig verstanden hatte. Nichtssagende Antworten zu geben und ein paar einschlägige Bibelstellen zu zitieren, ist nicht die Antwort. Wir müssen bereit sein, den Menschen zu helfen, herauszufinden, was Jesus zu den Themen gesagt hat, mit denen sie ringen. Das bedeutet, dass wir bereit sein müssen, in diesem Prozess unsere eigene Interpretation der Bibel loszulassen.

Vielleicht fängst du dieses Buch mit dem gleichen Misstrauen und der gleichen Besorgnis wie mein Zuhörer aus der ersten Reihe an. Darf ich dir in diesem Fall eine neue Herangehensweise vorschlagen? Was, wenn die ultimative Tragödie nicht darin besteht, dass ein verlorener Mensch in die Hölle kommt, sondern darin, dass ein Christ dazu beigetragen hat, dass er dorthin kommt, indem er seine Neugier, seinen Geist des Wissen-Wollens, unterbunden hat?

Vielleicht glaubst du nicht, dass Jesus den Prozess einer heiligen Dekonstruktion gutheißen würde. Dann könnte es helfen, sich anzuschauen, inwiefern die Version des christlichen Glaubens, die dir so viel bedeutet, das Ergebnis von Dekonstruierenden ist, die dir vorangegangen sind. Die »Wolke der Zeugen« bezeugte etwas ganz anderes als die Erscheinungsformen der Religion ihrer Zeit.

Was, wenn die Dekonstruktion von Religion zu unserem geistlichen Erbe gehört? Wenn sie sozusagen zu unserer geistlichen DNA gehört?

Selbstsüchtiges Christentum

Wenn wir unsere Religion oder unseren Glauben dekonstruieren, dann hinterfragen wir nicht, was Gott gesagt hat. Wir hinterfragen das, von dem *andere sagen*, dass Gott es gesagt habe.

Wir leben in einer historischen Zeit! Ich meine damit nicht, dass sich künftige Generationen an sie in besonderer Weise erinnern werden (vielleicht auch das). Ich meine, wir sind an einem Punkt, an dem wir schon einmal waren.

Wenn du dich jemals mit den Faktoren beschäftigt hast, die zu früheren Reformationen und Reformbewegungen in der Kirche führten, wirst du festgestellt haben, dass vieles davon sich ähnlich anhört wie das, was wir über die Dekonstruktionsbewegung unserer Tage hören. Vielleicht klingt eine der folgenden Beschreibungen vertraut:

Wir hinterfragen das, von dem *andere sagen*, dass Gott es gesagt habe.

Kirchenvertreter befürchten, wenn Menschen selbst die Bibel auslegen dürfen, könnten sie auf Abwege geraten.
Die Infragestellung der Lehre geht von Leuten aus, die ihr Leben der Religion verschrieben haben.
Es sind neue Ressourcen und Plattformen entstanden, um die Verbreitung solcher Nachrichten zu beschleunigen.
Die Vertreter der etablierten Kirchen diskreditieren die Stimmen, die nach einer radikalen Reformation verlangen – einer Veränderung, die uns einen Gott wiedergibt, der Jesus ähnlich ist.

Wenn du das liest und Protestant bist, beschreiben diese Sätze die Geschichte deiner Vorfahren, nicht die deiner Gegner.

Es sind uralte Echos aus einer Zeit Jahrhunderte vor uns.

Es ist der Klang deines geistlichen Exodus.

Wenn man nur fünfhundert Jahre zurückblickt, stößt man auf eine Gestalt, die die Landschaft des Christentums radikal verändert hat. Bis ins 16. Jahrhundert hüteten die Vertreter der Kirche ihr alleiniges Recht, die Bibel auszulegen, um ihre Finanzen, Traditionen und Machtstrukturen zu stärken … bis ein unbekannter Mönch beschloss, das alles infrage zu stellen. Du nennst ihn vielleicht einen Reformator. Ich bezeichne Martin Luther gerne als einen Dekonstruierenden.

Martin Luther als Dekonstruierender

Vom 6. bis zum 16. Jahrhundert war der römische Katholizismus die vorherrschende Form des Christentums. Es ist fast unmöglich, den Umfang der kirchlichen Macht während des Mittelalters zu überschätzen. Die Rolle des Priesters in der Gesellschaft wurde bei fast jeder Gelegenheit betont. Sie tauften die Menschen schon als kleine Kinder. Sie nahmen den Menschen die Beichte ab. Sie legten die Verfahren fest, die Paare durchlaufen mussten, um zu heiraten, und sie vollzogen die Trauungen. Sie waren am Krankenbett anwesend, um das letzte Geleit zu geben. Zu den weiteren Aufgaben der Priesterschaft gehörten die Verteilung von Almosen an die Armen und die Bereitstellung von Bildungsangeboten. Auf dem Höhepunkt ihrer Vorherrschaft besaß die Kirche mehr als ein Drittel des Bodens in Europa, was sie zur mächtigsten wirtschaftlichen und politischen Kraft auf dem Kontinent machte. All dies klingt, als könnte der römische Katholizismus die Grundlage für den größten Akt der Nächstenliebe in der Weltgeschichte gewesen sein. Bis man die Faktoren Macht und Geld hinzunimmt. Zur Zeit Martin Luthers wurde beides durch etwas erworben, was man Ablässe nannte, und der Handel damit war die umtriebigste und lukrativste Unternehmung der institutionellen Kirche.

Ein Ablass war ein teilweiser oder vollständiger Erlass der Sünden, für den ein bestimmter Geldbetrag gezahlt wurde. Oftmals war er mit dem Versprechen verbunden, die Zeit einer Seele im Fegefeuer zu verkürzen. Mit anderen Worten: Die Priester fungierten als Wächter über das ewige Schicksal jedes Gläubigen. Ich kann mir nichts vorstellen, wofür ich mehr Geld ausgeben würde, als dafür, meine Seele in Ewigkeit in Sicherheit zu wissen. Du fragst dich vielleicht, warum sich die Menschen mit einer solch abwegigen

Auslegung der Bibel abgefunden haben. Beichtstühle und Ablässe basierten auf der Auslegung der Heiligen Schrift durch den Papst. Da die Bibel noch nicht ins Deutsche oder in eine andere damals gebräuchliche Sprache übersetzt war, konnten die Religionsvertreter, die die Macht hatten, ihre geistliche Autorität missbrauchen, ohne dass jemand es durchschaute. Sie zogen es vor, sich mit dem Monopol auf den Text die Taschen zu füllen, und wenn man nicht Latein konnte, wusste man es nicht besser. Das heißt, bis Martin Luther Latein lernte.

Luther war mit der römisch-katholischen Hierarchie durchaus vertraut. Als Mönch war er in der Bibel geschult, und er strebte ständig danach, sein Wissen zu erweitern. Die Verleihung seines Doktortitels an der Universität Wittenberg war mehr als eine akademische Leistung. Sie verschaffte Luther eine Plattform mit Autorität direkt unter dem Papst, da der Papst die Satzung der Universität bestätigen musste. Es war eine klare Bestätigung für Luther, dass seine Praktiken und seine Lehre vom Klerus gebilligt wurden und vom Volk angenommen werden sollten. Diese Billigung hing davon ab, dass Luther nach den etablierten Regeln spielte. Und warum sollte er das auch nicht tun? Er wäre der Hauptnutznießer von durch ihn erteilten Ablässen und würde vor Zivilgerichten viele Begünstigungen erhalten, wenn er sie jemals brauchen sollte.

Luther versuchte nicht, die Lehren seiner Zeit insgesamt zu widerlegen. Er bezog sich auf eine ganz bestimmte Sache.

Das Problem war, dass Luther nun die Bibel las, und er hatte in den Abgrund der Verlogenheit geschaut. Man schreibt ihm die Aussage zu: »Du bist nicht nur verantwortlich für das, was du sagst, sondern auch für das, was du nicht sagst.« Er konnte sich nicht zurücklehnen und stillschweigend zulassen, dass die Religion seiner Zeit für seine Mitmenschen das Gesicht Gottes darstellte.

Am 31. Oktober 1517 nagelte Martin Luther fünfundneunzig Thesen an die Eingangstür der Wittenberger Kirche. Er versuchte nicht, die Lehren seiner Zeit insgesamt zu widerlegen. Ganz im Gegenteil! Luther bezog sich auf eine ganz bestimmte Sache. Seine Thesen zielten darauf ab, die Praxis und Theologie des Ablasshandels zu dekonstruieren. Damit wurde natürlich das gesamte System der religiösen Bereicherung infrage gestellt.

Vor Luther hatte es bereits etliche gebildete Dekonstruierende gegeben. Aber Luther hatte ein Instrument zur Verfügung, das keiner seiner Vorgänger gehabt hatte: die Druckerpresse. Zwischen 1517 und 1526 wurden über 1 800 Schriften gedruckt und nachgedruckt, auf denen Luthers Name stand.[10] Luthers Ideen verbreiteten sich wie ein Lauffeuer unter den Gläubigen, auch unter den Priestern. Seine Ideen waren in den Augen der Kirche vermessen, und sie waren radikal. Im Jahr 1519 bezeichnete er den Papst sogar als den von Paulus im 2. Thessalonicherbrief prophezeiten Antichristen.[11] Sein wichtigster Beitrag zur Reformation der Kirche war jedoch die Übersetzung der Bibel ins Deutsche. Luther war zutiefst überzeugt vom »Priestertum aller Gläubigen« – dem Grundsatz, dass jeder Christ die Bibel verstehen und auslegen und auch die Aufgaben eines Priesters gegenüber seinen Mitmenschen wahrnehmen kann. Und er setzte diese Vorstellung um, indem er jedem, der bereit war, die Bibel zu lesen, eine Bibel in die Hand gab.

Es könnte passieren, dass auch wir die Dekonstruierenden unserer Zeit verdammen, um die zerstörerischen Verhaltensweisen unserer Systeme zu erhalten.

Für die, die im Religionssystem seiner Zeit das Sagen hatten, war Martin Luther ein Ärgernis. Ein Skandal.

Luther wollte, dass das Gesicht Jesu, das seine Mitmenschen sahen, das Gesicht der Vergebung war. Indem er die unbiblischen

Praktiken der damaligen Kirche infrage stellte, spaltete Luther das Christentum in zwei Lager – das katholische und das protestantische. Es ist kein Zufall, dass in dem Wort »protestantisch« das Wort »Protest« enthalten ist. Es bedurfte eines Protestes gegen die etablierte Religion, damit die Menschen Jesus wieder erkennen konnten. Wer die Geschichte Martin Luthers einmal im Detail liest, wird feststellen, dass die religiös Etablierten alles taten, um seinen Einfluss einzudämmen. Während des Aufkommens der Reformation verurteilte Heinrich VIII. Luther und sagte, jeder, der seinen Lehren folgte, besäße keine Nächstenliebe, sei aufgeblasen vor Ehrsucht, habe den Verstand verloren und brenne vor Neid.[12]

Wenn wir nicht aufpassen, könnte es passieren, dass auch wir die Dekonstruierenden unserer Zeit verdammen, um die zerstörerischen Verhaltensweisen unserer Systeme zu erhalten.

Reden wie die Propheten

Vielleicht ist Luther nur in die Fußstapfen der Propheten getreten. Die Propheten des Alten Testaments waren sicherlich Reformatoren ihrer Tage. Sie waren außerordentlich begabt darin, die Sicht der Menschen auf Gott neu zu gestalten und zu reformieren. In der Tat glaube ich, dass es Luther, Jesus, den Propheten und allen anderen dekonstruierenden Reformern in erster Linie darum ging, die Beziehung zwischen Gott und seinem Volk oder seinen Menschen zu erneuern. Der rigorose Versuch, die Religion zu hinterfragen, zielt immer darauf ab, dass die Menschen neu vom Angesicht Gottes fasziniert sind und die Beziehung zu ihm suchen.

Allen dekonstruierenden Reformern ging es in erster Linie darum, die Beziehung zwischen Gott und seinen Menschen zu erneuern.

Abgesehen von der dichten Poesie und den seltsamen Bildern ihrer Sprache haben die Propheten eine besondere Überzeugungskraft an sich. Sie protestieren häufig laut und deutlich gegen den Abfall von Gott und den Götzendienst des Volkes und beschwören ihre Hörer geradezu, zu Gott zurückzukehren. Folgt man den Erläuterungen des BibleProject, muss man bei den Propheten einige gemeinsame Muster erkennen, wenn man sie verstehen will.[13]

> *Gott rettete die Israeliten aus der Sklaverei in Ägypten und lud sie ein, eine Nation zu werden, die sich durch Gerechtigkeit und Großzügigkeit auszeichnete. So sollten sie seinen Charakter gegenüber den Völkern repräsentieren. Diese Partnerschaft verlangte von allen Israeliten, allein ihrem Gott zu vertrauen und ihm die Treue zu halten … Aber die Anführer – die Priester und die Könige – führten Israel auf Abwege und brachen den Bund. An dieser Stelle kamen die Propheten ins Spiel, um Israel an seine Rolle in der Bundespartnerschaft zu erinnern. Und sie taten dies auf dreierlei Weise. Erstens klagten sie Israel an, die Bedingungen des Bundes verletzt zu haben. Die Vorwürfe beinhalteten in der Regel Götzendienst, Bündnisse mit anderen Völkern und deren Göttern und Ungerechtigkeit gegenüber den Armen … Zweitens riefen die Propheten Israel zur Umkehr auf … Das bringt uns zum dritten Weg, auf dem die Propheten die Israeliten zur Umkehr zu bewegen suchten. Sie kündigten die Konsequenzen für den Bruch des Bundes an, etwas, das sie den »Tag des Herrn« nannten.*[14]

Fällt dir auf, wie ähnlich die Propheten den Protestanten um 1500 sind?

Und wie ähnlich die Protestierer von heute den Propheten von damals sind?

Wie die Propheten rufen auch moderne Protestierer gegen die christliche Kultur die Leitenden in der evangelikalen Landschaft auf, zu Gerechtigkeit und Großzügigkeit zurückzukehren. Warum? Weil dies allen Völkern gegenüber zeigen würde, wie Gott ist!

Abgesehen davon erfuhren die Propheten den größten Widerstand vonseiten der Priester und Könige, die Israel auf gottlose Wege führten. Es war die Aufgabe der Propheten, zu den Machthabern zu sprechen und Israel als Nation eine Kurskorrektur zu vermitteln. Es waren die Propheten, die mit einer ungeschminkten Sprache auf den gebrochenen Bund und den Missbrauch geistlicher Praktiken aufmerksam machten. Es waren die Propheten, die ihr ganzes Leben zum Anschauungsunterricht für die Beziehung zwischen Gott und seinem Volk werden ließen. War das nicht der Grund, warum Hosea aufgefordert wurde, mit einer Prostituierten verheiratet zu bleiben (Hosea 1,2)? Oder warum Jesaja nackt herumlief, um zu veranschaulichen, wie es um Israel stand, wenn es den Schutz seines Gottes verlor (Jesaja 20,2-4)? Oder warum Hesekiel eine Schriftrolle essen musste (Hesekiel 3,1-3)?

Das eigenwillige Verhalten der Propheten hinterfragte stets die Art und Weise, wie die Israeliten ihren aktuellen Status vor Gott sahen. Meistens ging es darum, die gespaltene Loyalität Israels gegenüber Gott und anderen Völkern und Göttern anzuprangern. Mit anderen Worten: Israel ging mit den Politikern und der Politik ins Bett, um einen Vorteil zu erlangen, während den Armen Recht und Hilfe verweigert wurden.

Das klingt vielleicht drastisch. Aber ich schlage vor, einmal Hesekiel 23,1-8 zu lesen, um den Zusammenhang zu verstehen. Der Abschnitt ist voll von Bildern, in denen das Volk Gottes als eine Prostituierte dargestellt wird, die ihre Sittsamkeit opfert, um Macht zu gewinnen. Aus dem Text geht klar hervor, dass Israel nach den Statthaltern und Befehlshabern giert. »Da wurde sie von der Begierde nach ihren Liebhabern erfasst …«, heißt es an einer Stelle (Hesekiel 23,20). Der Rest dieser Passage ist so sexuell explizit, dass mein Verleger mich bat, sie nicht zu zitieren. Lies den Text einfach selbst. Die Sprache der Propheten ist nicht zimperlich; sie muss drastisch sein, um die Aufmerksamkeit der religiösen Machtelite zu erregen. Manchmal sind wir schon so tief verstrickt, dass es eine anstößige Sprache braucht, damit wir erkennen, wie anstößig unser Leben geworden ist.

In der Bibel gibt es beunruhigend viele Passagen, die sich gegen religiöse Besitzwahrungsansprüche richten. Die Propheten offenbaren uns eine seltsame Eigenschaft der Dekonstruktion. Sicher, es braucht Vehemenz und eine Haltung, die bereit ist, aufs Ganze zu gehen. Aber es ist mehr als das: Gott mitten im Chaos eines gebrochenen Bundes wiederzufinden, wird immer bedeuten, dass man sich bei denen unbeliebt macht, die den Bund gebrochen haben.

Ich möchte vorsichtig sein und durchaus nicht alle Kritiker des Christentums mit den Propheten des Alten Testaments gleichsetzen. Der Unterschied liegt natürlich darin, wie sehr jemand sich Gott verschrieben hat. Dennoch gibt es eine prophetische Freiheit, die wir in Anspruch nehmen können, wenn wir den Glauben hinterfragen, um einen Gott zum Vorschein zu bringen, der Jesus ähnlicher ist. Der Prozess erfordert es, sich den fraglichen Themen in ihrer konkretesten Form zu nähern. Du musst durch die verzweifelten Augen eines Menschen sehen, der verletzt und ins Exil getrieben wurde. Du wirst eine Sprache entwickeln, die den Außenseiter anzieht und den Insider verstört.

Vergessen wir nicht: Dekonstruktion ist nicht gleich Zerstörung. Aber manche Leute werden den Unterschied nicht erkennen.

Dekonstruktion ist nicht gleich Zerstörung.

2

MEHR FRAGEN ALS ANTWORTEN

In ihrem Bemühen, Sprache und Erfahrung voneinander zu scheiden, erinnern mich die Kritiker der Dekonstruktion an Eltern aus der Mittelschicht, die ihren Kindern nicht erlauben, auf der Straße zu spielen.

CHARLES SIMIC, THE UNEMPLOYED FORTUNE-TELLER

Eine Herausforderung anzunehmen ist, wie ein Pferd zu reiten. Wenn man sich dabei wohlfühlt, macht man es wahrscheinlich falsch.

TED LASSO

Hast du jemals eine Erfahrung gemacht, die deine Glaubensüberzeugungen zerschmettert und dich dazu gebracht hat, umzudenken? Das ist mir passiert, als ich den Mount Rushmore besuchte.

Mitten in der atemberaubenden Schönheit der Black Hills in South Dakota liegt ein Berg, in dessen Hang die Gesichter von vier Präsidenten gemeißelt sind – George Washington, Thomas Jefferson, Theodore Roosevelt und Abraham Lincoln. Der Leiter des Projekts wählte diese vier Präsidenten aus, weil er der Meinung war, dass sie für vier besonders schwierige und herausfordernde Zeitabschnitte in der Geschichte Amerikas stehen. Von der Führung der Kolonisten während der Amerikanischen Revolution bis hin zur Stabilisierung der Nation durch schnelles Wirtschaftswachstum waren die von ihm ausgewählten Präsidenten für ihn Schlüsselfiguren der Geschichte. Und während der Weltwirtschaftskrise arbeiteten Männer und Frauen unermüdlich daran, einen Berg in die Luft zu sprengen und ihn in etwas zu verwandeln, das schließlich ganz anders aussah.

Diesen besonderen Berg mit den vier Gesichtern besichtigen – mehr wollten wir eigentlich gar nicht. Zusammen mit der Familie meines Schwagers machten wir uns auf den Weg. Unsere beiden Fahrzeuge waren voll von lachenden und weinenden Kindern, knabberkramverkrümelten Fingerspitzen und häufig unterbrochenen Gesprächen von Erwachsenen. Das war kaum das richtige Setting für einen Moment des Staunens und der Ehrfurcht. Nachdem die Kinder aus den Autos ausgestiegen waren, bahnten wir uns einen Weg durch Fremde, die Fotos machten, bis zum Geländer, das eifrige Besucher davon abhielt, dem Rand zu nahe zu kommen. Und dann lag er vor uns – der Mount Rushmore.

Dieser Halt am Mount Rushmore mag unwichtig, ja, verzichtbar erscheinen. Aber er war durchdrungen von einem unerwarteten Gefühl von Heiligkeit, das sich kaum merklich in uns ausbreitete. Ich weiß, es ist nur ein Berg, aber es fühlte sich eher an wie die Begegnung mit einem brennenden Busch.

Später erfuhr ich, dass die Geschichte dieses Denkmals auch eine dunkle Seite hat. Die Vision war zwar die, ein Weltwunder zu schaffen, das die Welt dazu bringen würde, nach South Dakota zu reisen und es sich anzusehen. Aber es macht mich traurig, dass der Mount Rushmore kein Symbol der Hoffnung für das Volk der Lakota war, dem das Land gehörte.[15]

Gedanken an den Mount Rushmore wecken in Menschen, die über seine umstrittene Geschichte Bescheid wissen, komplexe

Gefühle. Ich möchte die Bedeutung des Denkmals nicht überspiritualisieren, denn schon vor seiner Umgestaltung in ein Denkmal war der Berg für die Ureinwohner heilig.

Aber als ich dort stand und die kunstvoll ineinander verwobenen Gesichter betrachtete, die in den Felsen gehauen worden waren, hatte ich eine Erleuchtung. Meine Frau und ich fragten uns: *Wie schaffen es Menschen, Gesichter in einen Felshang zu meißeln?* Ich kann kaum etwas Erkennbares in eine Sandburg modellieren! (Was, das muss man wohl zugeben, schwieriger ist, als es aussieht.) Wie haben sie das gemacht, und wie lange hat es gedauert?

Der Mount Rushmore wurde vom 4. Oktober 1927 bis zum 31. Oktober 1941 geformt, unter Einsatz von Dynamit – und zwar viel Dynamit. Etwa 90 Prozent der Modellierarbeiten wurden mithilfe von Dynamit durchgeführt. Um sicherzugehen, dass man den Unterschied zwischen den Gesichtern von George Washington und Abraham Lincoln erkennen konnte, wendeten die Arbeiter ein Verfahren an, dass man »Honigwabenprinzip« nannte. Dabei bohrt man in sehr kleinen Abständen zueinander Löcher in den Felsen, sodass kleine Gesteinsbrocken herausgesprengt und dann von Hand entfernt werden können. Insgesamt wurden etwa 450 000 Tonnen Gestein vom Berghang abgesprengt![16]

Unvorstellbar!

Mir wurde klar: Wenn etwas so groß und unbeweglich ist wie ein Berg, besteht die einzige Möglichkeit, es zu verändern, darin, es zu sprengen. Als ich über diese Tatsache nachdachte, wurde mir klar:

Die organisierte Religion ist wie ein unbeweglicher Berg.

Sie ist gewaltig, hart wie Fels und es scheint unmöglich, sie umzuformen. Und die Dekonstruierenden haben erkannt, dass sie ihren Glauben nur umgestalten können, wenn sie Dynamit einsetzen.

Die Zeit, in der wir leben, verlangt nach etwas Drastischem.

Der Berg der Religion ist nicht dazu da, dass einige wenige Auserwählte ihn erklimmen und bezwingen. Er ist dazu bestimmt, in etwas umgeformt zu werden, das mehr Ähnlichkeit mit Jesus hat.

Wenn etwas so groß und unbeweglich ist wie ein Berg, besteht die einzige Möglichkeit, es zu verändern, darin, es zu sprengen.

Der Apostel Paulus hat sein Leben dem Ziel gewidmet, Jesus in der Welt bekannt zu machen. Aber es ging ihm anscheinend nicht darum, die Religion zu verteidigen (nachzulesen im Galaterbrief). Man kann sagen, dass er ein Dekonstruierender seiner Zeit war, und sein Hauptziel war es, die Religiösen und die Unreligiösen in eine echte Beziehung zu Gott zu bringen, ähnlich wie die Propheten, die ihm vorangingen. Das zeigt zum Beispiel dieser Abschnitt aus seinem zweiten Brief an die Christen in Korinth:

> *Es begann damit, dass Gott sagte: »Licht erhelle die Dunkelheit!«, und unser Leben erfüllte sich mit Licht, als wir sahen und verstanden: Gott ist im Antlitz Christi, strahlend hell und schön.*
>
> 2. KORINTHER 4,6 (MSG)

Ist das angekommen? Strahlend hell und schön.

Ähnlich wie der erste Strahl des Tageslichts, der durch die Dunkelheit schießt, soll die Botschaft Gottes der Welt als strahlend hell und schön erscheinen. Wie immer du dir diesen Text ausmalst, seine Anwendung ist klar: Die Botschaft Gottes sollte unsere Aufmerksamkeit auf sich ziehen. Wenn sich der Staub der Explosion schließlich legt, sehen wir Gott.

Wenn es darum geht, unsere Religion zu dekonstruieren, müssen wir das Dynamit in Position bringen und die Lunte anzünden.

Das Ziel ist es, Jesus zu offenbaren, und nicht, die Religion zu bewahren.

Auf der anderen Seite der beängstigenden Statistiken über die, die den Glauben hinter sich gelassen oder die Religion überhaupt abgeschrieben haben, gibt es Neues zu entdecken.

Die Frage, die wir uns stellen müssen, lautet nicht: *Warum sprengen die Menschen den Glauben, den wir kennen?* Stattdessen müssen wir fragen: *Was können wir tun, damit unser Glaube, nachdem wir ihn in die Luft gejagt haben, mehr Ähnlichkeit mit Jesus hat?*

Was ist Religion?

Als ich Jugendpastor war, zeigte ich meiner Jugendgruppe die Poetry-Slam-Performance »Warum ich Religion hasse, aber Jesus liebe« von Jefferson Bethke. Es war in dem besonderen Gottesdienst, den wir »One Night« nannten und zu dem die Jugendlichen ihre nicht christlichen Freunde mitbringen konnten. Natürlich waren die immer willkommen, aber an diesem Abend waren sie die Ehrengäste. In der Ansprache ging es um Jesus mit einem klaren Aufruf zur Bekehrung, und die Pizza war extradick belegt. Wir haben keine Mühe gespart! Der ganze Abend war darauf ausgerichtet, einen bleibenden Eindruck zu hinterlassen. Wir hatten drei Sorten Limonade da. One Night war krass.

Meine Tage als Jugendpastor sind lange vorbei. Schon damals, vor mehr als einem Jahrzehnt, war mir bewusst, dass Religion für die kommende Generation ein unüberwindliches Hindernis darstellt. Als ich das Video von Bethkes Performance zeigte, gab es spontanen Applaus von den Jugendlichen. Vor allem, als er sagte: »Jesus und Religion – das sind die entgegengesetzten Pole einer Skala.«[17]

Es war ein Beifall, wie er nur durch geteilte Erfahrungen entsteht. Was mir damals bewusst wurde, davon bin ich heute voll überzeugt. Wenn es darum geht, was Menschen über Religion denken, gilt die Aufmerksamkeit den kulturellen Narrativen und den persönlichen Geschichten, und sie haben auch die Deutungshoheit.

»Jesus und Religion – das sind die entgegengesetzten Pole einer Skala.«
Jefferson Bethke

Ich habe Folgendes festgestellt: Christen, die sich über das Thema Dekonstruktion nicht einig sind, haben in der Regel auch unterschiedliche Auffassungen über den Sinn von Religion überhaupt. Es nützt nichts, dasselbe Vokabular zu haben, wenn wir alle unterschiedliche Wörterbücher benutzen. Ich möchte das ein wenig erläutern.

Es lässt sich kaum bestreiten, dass es bei der Religion im Kern sowohl um Überzeugungen als auch um Praktiken geht. In den Praktiken jeder religiösen Gruppe fließt zusammen, was ihre Mitglieder glauben. Nicht jeder praktizierte Glaube wird zu einer Religion, aber alle Religionen haben Praktiken, die sich aus dem ergeben, was ihre Anhänger glauben. Aber das ist nur das *äußere Erscheinungsbild* der Religion, das, woran wir sie erkennen. Die Religion verlangt von uns, dass wir uns beim Beten verneigen. Sie ermutigt uns zur Beichte. Sie ordiniert Menschen für besondere Aufgaben. Religion verlangt Großzügigkeit und Opferbereitschaft. Sie stellt die Menschen vor die Frage nach sich selbst. Religion begegnet Meinungsverschiedenheiten mit Disziplinierung oder Ausgrenzung. Sie nutzt heilige Texte für Nächstenliebe *und* für Macht. Die religiösen Überzeugungen einer Gruppe bestimmen ihre religiösen Praktiken. Wir erkennen Religion, wenn wir sie sehen, und doch fällt es uns schwer, die Frage zu beantworten: Was ist Religion?

Religion lässt sich nicht leicht definieren. Der Begriff ist wie ein bewegliches Ziel, dessen Position davon abhängt, auf welches grundlegende kulturelle Narrativ die Menschen, die ihn verwenden, sich beziehen. Für Skeptiker ist der Gesamteindruck von Religion ein negativer. In vielen Fällen liegt das daran, dass unsere persönlichen Erfahrungen mit Religion beeinflussen, wie wir Religion definieren. Das ist oft ein Streitpunkt mit meinen christlichen Freunden. »Man kann Religion nicht neu definieren«, haben mir einige gesagt. Aber es ist nun mal so: Man kann *keine* metaphysische Realität ohne Bezug zu Kultur und persönlicher Erfahrung richtig definieren. Daher ist es ein sinnloses Unterfangen, eine zutreffende Definition von Religion mit Menschen erstellen zu wollen, die durch Religion verletzt wurden.

Die richtige akademische Definition von Religion hat viel gemeinsam mit Unterwäsche: Sie stützt und wärmt, aber niemand braucht sie zu sehen. Es ist wichtig, dass wir uns nicht darauf fokussieren, eine korrekte akademische Definition des Begriffs zu vertreten. Damit will ich nicht sagen, dass es nicht wichtig ist, Begriffe genau zu definieren. Aber das wird nur eine begrenzte Wirkung haben, wenn die meisten Menschen den Begriff in erster Linie mit ihrem kulturellen Narrativ oder ihrer persönlichen Erfahrung verbinden. Definitionen nützen nur dann, wenn man sich über sie einig ist und sie von vielen akzeptiert werden, und die meisten Menschen in der nicht religiösen Szene akzeptieren keine Liste umfassender Definitionen.

Für Vorstellungen, die nicht messbar sind, gibt es selten eine einheitliche Definition. Folglich mühen wir uns vergeblich ab, wenn wir versuchen, eine Lehrbuchdefinition von Religion zu verteidigen, während andere Narrative bereits das Rennen machen. Die Frage »Was ist Religion?« können wir nicht im Vakuum von theologischen Hochschulen und Kapellen beantworten. In einem meiner Interviews sagte ein ehemaliger Evangelikaler: »Vielleicht solltest du nicht fragen: ›Was ist Religion?‹ Vielleicht solltest du besser fragen: ›Woran denkst du, wenn ich das Wort *Religion* sage?‹« Und als ich die Frage so formulierte, wurde aus den Antworten, die ich dann bekam, deutlich, dass Religion für den Dekonstruierenden wie ein unverrückbarer Felsen ist. Oder ein umzäuntes Wohngebiet, in dem nur weiße Evangelikale wohnen (dazu später mehr). Eine Person sagte, sie denke an viele, viele Taschen. Gepäck. Ballast. Religion hat etwas mit Ballast zu tun. Das verstehen wir alle.

Ich möchte für eine hoffnungsvolle Definition plädieren, eine, die historisch verwurzelt ist und sich an Nächstenliebe und existenziellem Segen orientiert. Meine Seele ist hungrig und gesättigt zugleich, und das verdanke ich der großen Bandbreite dessen, was »Religion« mir geboten hat. Aber das Ziel ist nicht, Gott im Angesicht der Religion zu sehen. Oder die Religion so zu sehen, wie ich sie sehe. Es geht darum, *Gott im Angesicht von Christus zu sehen.*

Es geht [bei Religion] darum, *Gott im Angesicht von Christus zu sehen.*

Viele Christen werden nun fragen: »Was ist mit der biblischen Definition von Religion? Ist die Bibel nicht immer noch maßgebend?«

Gute Frage.

Wenn wir Religion schon definieren müssen, sollten wir uns auf die ökumenischste und historischste Definition einigen, die im Spiel ist. Eine Definition, die den Nebel für diejenigen von uns lichtet, die sich gern in Wortklaubereien verfangen. Eine klare Aussage über Religion aus der Bibel selbst.

Der Jakobusbrief wurde vermutlich vor dem Jerusalemer Konzil (50 n. Chr.) geschrieben.[18] Auf diesem Konzil wurde zum ersten Mal festgelegt, dass Nichtjuden, die Christen werden, nicht an das mosaische Gesetz gebunden sind. Aber noch vor diesem Konzil formulierte Jakobus eine grundlegende Definition für all diejenigen, die sich selbst als Anhänger Jesu bezeichneten. Jakobus, der Halbbruder von Jesus, machte sich die Mühe, eine Lehrbuchdefinition von Religion zu formulieren. Wie sich herausstellt, ist Religion nicht dazu bestimmt, Gegenstand von Lehrbüchern zu bleiben.

> *Jeder, der sich als »religiös« darstellt, indem er schöne Worte macht, betrügt sich selbst. Diese Art von Religion ist heiße Luft und nichts als heiße Luft. Wahre Religion, die Art, die vor Gott dem Vater Bestand hat, ist dies: Nehmt euch der Obdachlosen und der Ungeliebten in ihrer Not an und hütet euch vor der Korruption der gottlosen Welt.*
>
> JAKOBUS 1,26-27 (MSG)

Eine andere Übersetzung drückt es so aus: »Rein und vorbildlich Gott, unserem Vater, zu dienen bedeutet, dass wir uns um die Sorgen der Waisen und Witwen kümmern und uns nicht von der Welt verderben lassen« (NLB). Deshalb frage ich mich, wie eine »unreine« und »nicht vorbildliche« Religion aussieht. Vielleicht sieht sie aus wie die Religion, die viele Menschen und Kulturen im Westen erlebt haben.

Oder, wie Bethke es in *Warum ich Religion hasse, aber Jesus liebe* ausdrückt: »Wenn Religion so großartig ist, warum hat sie dann so viele Kriege ausgelöst? Warum baut sie riesige Kirchen, gibt aber den Armen nichts zu essen?«[19]

Das Leben der Menschen ändert sich nicht, weil wir die Religion neu definiert haben. Das Leben der Menschen ändert sich, wenn die Grundsätze und Praktiken der Religion uns verändert – und verbessert – haben. Zumindest vorläufig haben uns Missbrauch, Vertuschung und verwirrende Dogmen in der Geschichte der Kirche den Zugang zu einer hoffnungsvollen Definition von Religion verschlossen. Wir sind zurückgeworfen auf die Definition des Begriffs durch kulturelle Muster und persönliche Geschichten. Die

Religion war einmal ein Licht auf unserem Weg (Psalm 119,105), und jetzt ist sie ein Berg, der den Menschen die Sicht auf ebendiesen Weg versperrt.

Und es sind die Leute, die keinen Weg nach vorn mehr sehen, die wir als Dekonstruierende bezeichnen.

Was ist ein Dekonstruierender?

Ich war gerade nach einem zweistündigen Flug gelandet, um einen Vortrag in einer Gemeinde zu halten, die mein Freund Stewart gegründet hatte.[20] Die Gemeinde war zu diesem Zeitpunkt erst ein Jahr alt.

Nach allen gängigen evangelikalen Erfolgsmaßstäben war Stewart ein Superstar! Die finanziellen Mittel der Gemeinde waren dreimal so hoch wie die einer durchschnittlichen Gemeinde nach einem Jahr. Es gab drei Gottesdienste am Sonntagmorgen – ebenfalls dreimal so viel wie der Durchschnitt. Und sie hatten vier hauptamtliche Mitarbeiter – drei mehr als im Durchschnitt nach einem Jahr des Gemeindebestehens. Diese Gemeinde hatte Menschen, ein Gebäude, Geld und eine Menge junger Erwachsener. Junge Erwachsene gehören zu den Menschen, zu denen ich am liebsten spreche, weil sie viele Fragen zum christlichen Glauben haben.

Stewart und ich setzten uns gerade zum Sushi zusammen, um den Sonntagsgottesdienst zu besprechen.

»Stewart, ich arbeite an einem Buch darüber, was Christen und Dekonstruierende gemeinsam haben und wie beide dazu beitragen können, das Christentum zu reformieren. Mir ist aufgefallen, dass eine Menge junger Erwachsener im Gottesdienst war. Du hast sicher auch häufig mit dem Thema Dekonstruktion zu tun, über das ich recherchiere, oder?«

Stewart grinste, warf die Hände in die Luft und sah seine Frau an, als wüsste sie, was er sagen wollte. Sein Erfolg in der Gemeinde beruht zum Teil darauf, dass Stewart eine charismatische Persönlichkeit ist. Selbst der Kellner, der gerade das Sushi brachte, wich einen Schritt zurück, als Stewart zu seiner Antwort ansetzte. Stewart hatte die Bühne für sich.

»Wenn ich an Dekonstruierende denke, kommen mir drei Dinge in den Sinn. Erstens: Es sind emotionale, streitlustige, zynische Menschen, die alles niederbrennen wollen. Zweitens schleppen sie in der Regel jede Menge Verletzungen durch die Kirche mit sich rum und zerstören schlussendlich ihren eigenen Glauben. Und drittens … Ist Dekonstruktion nicht nur ein Modewort für das, was wir alle in unserer Jugend gemacht haben, nämlich unseren Glauben infrage zu stellen?«

Wie jeder gute Prediger konnte auch Stewart drei Punkte anführen. Das Einzige, was noch fehlte, war ein Bibelvers, aber der kommt in der Regel am Samstagabend, nachdem die Predigtpunkte vollständig ausgearbeitet sind.

Ich stimme mit Stewarts Einschätzung der Dekonstruierenden nicht überein, aber ich verstehe, warum er das so sieht. Wenn jemand das, was uns lieb und teuer ist, auseinandernimmt, kann uns das irritieren und verärgern. Wir fühlen uns bloßgestellt – durch die Fakten, die der andere recherchiert, dadurch, dass er hinterfragt, wie ein authentisches Glaubensleben aussieht, und (ganz ehrlich) sogar durch seine Weise, die Bibel zu lesen. Ehe wir uns versehen, kann eine Beziehung zu jemandem, der den christlichen Glauben dekonstruiert, zu einem geistlichen Tauziehen werden, bei dem es darum geht, wer mehr weiß und wer sich mehr um die Nöte anderer kümmert. Das erinnert mich an die

Dekonstruktion verärgert die Pastoren, und zwar, weil nicht Gott infrage gestellt wird, sondern sie.

Worte von Os Guinness in *Fool's Talk*: »Nur sehr wenige Menschen sind absolut und konsequent logisch; wenn man ihre kleinen Inkonsequenzen aufdeckt, ärgert man sie also nur und schreckt sie ab.«[21] Aber wenn wir tiefer graben, werden wir schnell feststellen, dass es um mehr geht als um Ärger.

Wir fühlen uns bedroht.

Auch wenn die meisten Gemeinden Fragen über den Glauben begrüßen, sind nur wenige offen für Fragen über den gelebten Glauben der Gemeinde. Darin liegt die Gefahr für Stewart und viele andere sowie der Unterschied zu dem, was wir »alle in unserer Jugend gemacht haben«. Dekonstruktion verärgert die Pastoren, und zwar, weil nicht Gott infrage gestellt wird, sondern sie.

Dekonstruktion durch Kunst

Es gibt eine Gruppe von Akademikern, die anscheinend immer ernst genommen werden. Diese Lehrer vertreten keine Lexikon-Definition von Religion. Wenn sie Religion definieren, tun sie das in dem Wissen, dass sie immer mit Gefühlen verbunden ist. Diese Gruppe von Gelehrten bringt uns bei, uns selbst zu finden und uns selbst zu verlieren, und zwar gleichzeitig. Es sind die Künstler, Geschichtenerzähler und Musiker.

Warum schreibe ich über Künstler in einem Buch über die Dekonstruktion des Glaubens? Ganz einfach: Künstler reformieren die Art und Weise, wie wir Ideen verstehen, die außerhalb des sinnlich Wahrnehmbaren liegen. Historisch betrachtet waren sie eine willkommene Autorität innerhalb der Religion. Diese Autorität besitzen sie nach wie vor, aber jetzt nennt man sie »anstößig«, »respektlos« oder »ketzerisch«. Und wenn der Weg Jesu ketzerisch genannt wird, wird es immer ungemütlich.

Künstler

Künstler werden von uns verehrt, weil sie Gefühle malen (oder anderweitig visuell darstellen) können. Sie zeigen uns, wie sich Traurigkeit anfühlt. Oder vielmehr, dass es Mut erfordert, traurig zu sein. Sie versichern uns, dass wir mutig sind, selbst wenn wir uns alles andere als mutig fühlen. Ein Pinsel in den Händen eines religiösen Künstlers ist ein bemerkenswertes Werkzeug! Er umgeht den logischen, faktengesteuerten Teil des Gehirns, der fordert: »Gib mir eine Definition«, und zielt direkt auf das Herz. *Empfinden wir in dieser Sache nicht so?*, fragen die Künstler. Und selbst wenn wir anderer Meinung sind, widmen wir der Brillanz ihrer Arbeit dennoch unsere volle Aufmerksamkeit.

Je tiefer die Künstler nachdenken, desto besser können sie uns helfen zu verstehen, was wir zu definieren versuchen. Einige ihrer Definitionen finden sich als Kleingedrucktes auf Leinwänden in Museen. Andere, in einer Schriftgröße, die dem modernen Computer unbekannt ist, füllen Museumswände. Was ist die Sixtinische Kapelle anderes als die Art und Weise, wie Michelangelo die Beziehung zwischen Gott und Mensch sah? Oder was ist das Letzte Abendmahl anderes als Leonardos Versuch, uns das Antlitz Gottes im Angesicht des Verrats zu zeigen? Und das ist in der Tat die eigentliche Geschichte Gottes und der Menschheit.

Geschichtenerzähler und Musiker

Künstler sind keine Fachleute – sie sind Autoritäten, die uns etwas zu sagen haben. Geschichtenerzähler und Musiker fallen in dieselbe Kategorie. Ihre Worte und Melodien malen Bilder, die das Herz sehen kann.

Geschichtenerzähler haben schon immer einen Platz in der Gesellschaft gehabt. Mein irischer Freund Andrew ist einer der besten Geschichtenerzähler, die ich kenne. Zugegeben, er erzählt seine Geschichten meist von der Kanzel aus, aber er würde ein Publikum in jedem anderen Rahmen genauso fesseln. Ich schaue nie auf die Uhr, wenn Andrew spricht. Meine Vorstellungskraft ist zu sehr mit dem Bild beschäftigt, das er gerade malt. Gute Geschichten, das wissen wir alle, werden erzählt, um uns zum Nachdenken anzuregen.

Andrew hat mir erklärt, wie das Geschichtenerzählen in der keltischen Kultur funktioniert. In dieser Tradition wurden die Geschichtenerzähler *anam carras* genannt – Seelenfreunde. Sie erzählten Geschichten, um die spirituelle Reise des Zuhörers zu leiten. *Anam carras* fungierten als Leitplanken auf der Autobahn des Lebens. Jesus war jedes Mal, wenn er Gleichnisse erzählte, vom Geist eines *anam carra* durchdrungen. Er war *die* Autorität auf dem Gebiet der Religion, doch er zog es vor, Herz und Verstand durch das Erzählen von Geschichten zu lenken.

Leider haben wir bei unserem Versuch, Religion durch Dogmatismus und Dogmen zu definieren, aus dem Blick verloren, wie der ultimative Geschichtenerzähler sie definiert hat. Jesus hätte genauso gut »Das ist Religion …« in Stein meißeln und seine Anhänger anweisen können, auch nicht ein i-Tüpfelchen hinzuzufügen. Stattdessen erzählte er Geschichten. Geschichten, die seine Zuhörer bewegten – einige dazu, ihm zu folgen, andere dazu, ihn zu kreuzigen. In jedem Fall waren die Geschichten bewegend. Jesus hatte die unheimliche Fähigkeit, Menschen, die versuchten, nach dem *Buchstaben* des Gesetzes zu leben, Menschen gegenüberzustellen, die versuchten, nach dem *Geist* des Gesetzes zu leben. Jesus ging es nicht darum,

Jesus zog es vor, Herz und Verstand durch das Erzählen von Geschichten zu lenken.

Religion zu definieren und das Etikett Dekonstruierender zu verteilen (wahrscheinlich, weil er selbst einer war). Ihm ging es darum, dass diejenigen, die sich selbst als religiös bezeichnen, immer christusähnlicher werden sollten. Das war der Hauptgedanke in den meisten seiner Geschichten: wie man die Menschen um sich herum so behandelt, wie Gott es von einem erwartet.

In seinem Buch *Jesus the Storyteller* weist Stephen Wright auf einige merkwürdige Tendenzen hin, die wir Jesus-Anhänger haben, wenn es darum geht, das Herz der Religion zu verstehen. Auf der Suche nach mehr Informationen über Gott reduzieren wir ihn letztlich auf Aussagen und Prinzipien. Auf Worte, die wir auf diejenigen projizieren können, die nicht nach dem Gesetz leben, anstelle von Geschichten, die wir uns gegenseitig erzählen, um persönliche und gemeinschaftliche Veränderungen zu bewirken.

> *Die Geschichten, die Jesus erzählte, und sein Geschichtenerzählen an sich sind merkwürdige und zumeist unbeabsichtigte Opfer der modernen Suche nach dem historischen Jesus geworden. Immer wieder wurde dieses Element seines Lebens ins Abseits gedrängt, und die Geschichten selbst wurden faktisch in andere rhetorische Formen übertragen – manchmal in dem Bemühen, Kriterien zu entwickeln für die Unterscheidung zwischen der Interpretation der Geschichten durch den Evangelisten und der Wirkung, die sie für Jesus und seine Zuhörer gehabt haben mögen.*[22]

In letzter Zeit habe ich den Spirit eines Künstlers in Grafikdesignern, Wandmalern und Taggern (Graffiti-Künstlern) entdeckt. Wir scrollen und schlendern oft an ihren Werken vorbei, gefangen in der Hektik ständig geäußerter und sich ändernder persönlicher Meinungen und einem Leben der Erschöpfung. Sie erscheinen auf unseren Newsfeeds und am Rand unseres Wahrnehmungshorizonts. Sie verkünden ihre Definitionen von einem tiefen Ort im

Inneren ihrer Seele aus. Selbst Graffiti können Sprühfarbe zu etwas Heiligem machen.

Heilige Graffiti-Künstler

Meine älteste Tochter, Piper, sprach mit mir darüber, was *legal* und was *illegal* ist. Okay, ich gebe zu … das ist einer dieser Fälle, in denen man die Begriffe ganz klar definieren muss. Es ist immer besser, wenn wir dieses Gespräch mit unseren Kindern führen, bevor ein Richter es tun muss.

»Papa, ist es legal oder illegal, einen Zug oder ein Haus zu besprühen?«, fragte sie mich vom Rücksitz aus. Ihre Frage machte mich sofort nervös. Sie lag irgendwo zwischen »Wie war dein Tag?« und »Woher kommen die Babys?«.

»Ja«, sagte ich ihr. »Das nennt man Vandalismus, und Vandalismus ist illegal. Man braucht eine Erlaubnis, um das Eigentum von jemandem zu besprühen.«

In diesem Moment verlangsamten wir unsere Fahrt, um einen Zug vorbeifahren zu lassen. Der größte Teil des Zuges war mit Graffiti besprüht. Piper meldete sich wieder zu Wort, ihre Frustration über das Fehlen einer klaren Antwort deutlich hörbar: »Willst du damit sagen, dass diese kunstvoll gesprühten Worte und Bilder illegal sind?«

Ich war froh, dass der Zug zu schnell fuhr, um alle aufgesprühten Worte zu lesen, und sagte ihr, genau das wolle ich sagen. »Graffitisprühen erfordert Geschick«, sagte ich, »und es scheint, als wollten uns die Sprayer etwas mitteilen.« Ich warf einen Blick in den Rückspiegel, um ihren Gesichtsausdruck zu sehen. Sie war noch nicht überzeugt. Sie starrte aus dem Fenster. So, wie man eben schaut, wenn man nicht reden will, weil man schon weiß, dass man missverstanden werden wird.

»Piper, das Einzige, was ihnen fehlt, ist die Erlaubnis. Wenn sie die Erlaubnis haben, ist es legal.«

»Wie Wandmalereien an einem Gebäude?«, rief sie. Endlich ein Schlupfloch in den Regeln! Himmel, hilf.

»Ja! Wandmalereien sind legal, weil der Eigentümer den Künstlern die Erlaubnis gegeben hat.«

»Okay, wie wäre es damit …« Piper versuchte nun, das Gesetz umzuschreiben. Während ich dies schreibe, wird mir gerade klar: Wenn sie erst mal in die Pubertät kommt, werde ich zu beschäftigt sein, um ein Buch zu schreiben. Also freut euch an diesen Geschichten, solange ihr noch könnt.

Piper fuhr mit ihrer Argumentation fort: »Wie wäre es, wenn Graffiti nur dann illegal wären, wenn sie hässlich sind? Und jeder von uns darf entscheiden, was hässlich ist. Ich finde, der Zug sieht mit Graffiti besser aus. Ansonsten ist es einfach nur ein Zug. Oder ein Gebäude. Oder ein Haus. Die Graffiti bringen mich zum Nachdenken. Sie machen mehr daraus als nur einen Zug. Man muss schon ein Künstler sein, um so zu sprühen!«

Für dieses Buch habe ich den Graffiti-Künstler Leighton Autrey interviewt. Leighton Autrey wurde mit Wandmalereien für Baseballstadien und millionenschwere Benefizveranstaltungen beauftragt, und er hat individuelle Werke für private Sammler angefertigt. Und das alles mit einer Sprühdose. Wir sind schon viele Jahre befreundet. Er ist ein Mitchrist, dessen Weg stark geprägt ist von der Dekonstruktion – und von der Rekonstruktion eines Glaubens, der Jesus ähnlich sieht.

»Meine Kunst soll nicht dazu beitragen, dass die Religiösen religiöser werden. Sie soll den Nichtchristen helfen, anders über Gott zu denken.« Er lachte, bevor er seinen nächsten Satz sagte. »Es kommt öfter vor, dass jemand ein Werk von mir anschaut und sagt: ›Dieses Werk ist unrealistisch! Was ist das?‹ Ich antworte dann so etwas wie: ›Es zeigt die Vernichtung der Ägypter. Das ist aus der Bibel.‹«

»Was sagen sie dann dazu?«, fragte ich.

Leighton antwortete, die normale Reaktion sei: »Was? Das gibt mir einen ganz neuen Blick auf die Bibel.« Oftmals ermutigen diese Gespräche Nichtchristen dazu, mehr über Gott zu erfahren. Leighton erzählte, wie er einmal nachts um 3 Uhr in einer Bar in Detroit jemanden zum Glauben an Jesus geführt hat, und zwar aufgrund einer Diskussion über seine Kunst.

»Und religiöse Menschen?«, fragte ich ihn. »Wie haben sie auf deine Graffiti-Kunst reagiert?«

»Oh, das ist ganz unterschiedlich. Als ich anfing zu malen, bekam ich oft die Rückmeldung, meine Kunst sei ›nicht christlich‹. Sie ist nicht risikofrei. Sie ist heftig. Aber mir ist klar geworden, dass ich genau das tue, was ich tun soll. Ich gewinne die Aufmerksamkeit der Menschen. Ich helfe Christen, ihr Christentum zu dekonstruieren, und ich helfe Nichtchristen, über Gott nachzudenken. Ich mache Graffiti-Kunst nicht nur für Christen. Ich mache sie für alle.«

Leighton hat mir gezeigt, dass manche Dekonstruierenden als Dynamit eine Sprühdose verwenden.

Künstler dekonstruieren die Religion für uns. Für sehr religiöse Menschen fühlt sich das illegal an. Aber Künstler bekommen ihre Erlaubnis nicht von den Religiösen. Ihre Erlaubnis kommt von der großen Masse, zu der sie selbst gehören. Vandalismus ist für den Zug das, was Dekonstruktion für die Religion ist. Natürlich fühlt es sich illegal an. Aber das liegt nur daran, dass die Leute, die das Sagen haben, keine Erlaubnis dazu erteilt haben. Die Zeit, auf eine Erlaubnis zu warten, um Glaubenstraditionen hinterfragen zu dürfen, ist vorbei. Überall in unserem Umfeld sprechen die Künstler. Die folgenden Worte, die dem römischen Dichter Horaz zugeschrieben werden, drücken es treffend aus: »Ein Bild ist ein Gedicht ohne Worte.« Wir sollten Kunst nicht so schnell abtun. Wenn es eine Autorität zum Thema Dekonstruktion gibt, die über das hinausgeht, was du vielleicht schon denkst, dann sind es die Künstler, Geschichtenerzähler und Musiker. Hörst du ihnen zu?

Nimm dir einen Moment Zeit, um zur Ruhe zu kommen und mit dem Herzen zu hören. Viele Künstler sprechen die existenziellen Fragen der Seele an.

Wer bin ich?

Warum bin ich hier?

Was ist das Allerwichtigste, das man tun kann?

Wie ist Gott?

Wie sollten wir mit Leid umgehen?

Was kommt nach diesem Leben?

Diese Fragen sind religiös, und Künstler, Erzähler und Musiker bewerten sie danach, was nützlich und wahr ist. Künstler sind keine Profis darin, Dinge zu definieren, aber das sind wir alle auch nicht. Selbst der klügste Sprachkünstler wird durch ein Kunstwerk mehr von der Wirklichkeit erleben als durch eine gut durchdachte Definition.

»Der Weg, den ich am meisten fürchtete …«

Der Priester und weltbekannte Autor Henri Nouwen hatte eine unvorhergesehene Begegnung mit Rembrandts Gemälde *Der verlorene Sohn*. Die Stunden, in denen er dann das Bild betrachtete, haben Nouwens Definition von Religion und vom Sinn seines Lebens verändert.

Vor dieser Begegnung hatte Nouwen an der Universität von Notre Dame, der Yale Divinity School und der Harvard Divinity School gelehrt. Er hatte neununddreißig Bücher über das geistliche Leben verfasst. Ihn als Wissenschaftler und Wortschöpfer zu bezeichnen, wäre eine Untertreibung. Nouwens Gehirn war eine ganze Bibliothek nicht aufgeschriebener Gedanken, und sein Geist schlief nie. Doch einige Stunden, in denen er vor Rembrandts Gemälde saß und es meditierte, hinterfragten, was Nouwen zu wissen glaubte, wie er seine Rolle in der Geschichte Gottes sah und wo er den Rest seines Lebens verbringen würde. Er bezeichnete diesen Moment als »den Weg, den ich am meisten fürchtete«, weil er »wusste, Gott ist ein eifersüchtiger Liebhaber, der mich jederzeit ganz, mit jedem Teil von mir, will«. Und Nouwen fragte sich: »Wann würde ich bereit sein, diese Art von Liebe anzunehmen?«[23] Er schrieb ein Buch über diese Erfahrung mit dem Titel *Nimm sein Bild in dein Herz*. Ein äußerst lesenswertes Buch. Darin schreibt Nouwen über die Offenbarung, die er erlebte, als er sich die Zeit nahm, Rembrandts Werk wirklich zu betrachten:

> *All diese Gedankenspiele zeigen mir, wie zerbrechlich mein Glaube ist, dass ich der geliebte Sohn bin, auf dem Gottes Gefallen ruht. Ich habe so viel Angst davor, unbeliebt, beschimpft, ausmanövriert, übergangen, verfolgt und getötet zu werden, dass ich ständig Strategien entwickle, mich zu verteidigen; so will ich mir die Liebe sichern, die ich meine, nötig zu haben und zu verdienen. Und in solchem Verhalten entferne ich mich vom Hause meines Vaters und ziehe es vor, in einem »fernen Land« zu wohnen.*[24]

Das eigene Fundament zerstören?

Jeder, der sein Leben – und seinen Lebensunterhalt – auf der Gewissheit evangelikaler Kernwahrheiten aufgebaut hat, wird sich von allen bedroht fühlen, die den Mainstream des evangelikalen Glaubens hinterfragen. Die beiden Möglichkeiten, die einander ausschließen, lauten also:

1. »Bau dein Leben nicht darauf, dass evangelikale Kernwahrheiten stimmen«,

oder:

2. »Praktiziere keine Dekonstruktion.«

Viele Christen neigen heute zu dem Gedanken: *Wie könnten wir uns jemals für die erste Option entscheiden? Wenn wir unser Leben nicht auf die Gewissheit bauen, dass der christliche Glaube wahr ist, warum dann überhaupt noch glauben?*

Dieser Logik folgend, scheint es besser zu sein, die Praxis der Dekonstruktion abzulehnen und sie als gefährlich zu betrachten.

Aber wenn wir so denken, werden Menschen verletzt, wie unsere »Erfolgs«-Bilanz als Christen zeigt.

Vor etwa 150 Jahren wurden die Jim-Crow-Gesetze im Namen der Religion eingeführt. Dies geschah natürlich, nachdem weiße Nord- und Südstaatler mit der Bibel in der Hand zusammenkamen, um dafür zu kämpfen, dass es auch weiterhin eine Rassentrennung geben sollte. Die damalige Ideologie der Sklaverei wurde mithilfe der falschen Auslegung von Bibelstellen wie 1. Mose 9,24-27 durchgesetzt. Segregationisten, das heißt die Befürworter der Rassentrennung, benutzten diese Passage und verwiesen auf den »angeblichen ›Fluch des Ham‹ als Beweis dafür, dass Gott die ›Neger‹ zu Sklaven gemacht hatte«. Außerdem »donnerten sie, dass die Abolitionisten (Gegner von Sklaverei und Rassendiskriminierung) die Bibel verdrehten und die christliche Gesellschaftsordnung des Südens bedrohten. Solche Extremisten, so argumentierten sie, hätten kein Recht, ihre eigene verzerrte und gefährliche Auffassung allen anderen aufzuzwingen.«[25] Die damals herrschende Volksfrömmigkeit der Segregationisten ging von einer gefährlichen Annahme aus: Dekonstruiere nicht das Christentum. Die Segregationisten glaubten, dass *ihre* Auslegung der Bibel *die* Auslegung der Bibel sei. *Gott hat die Rassen getrennt geschaffen,* sagten sie sich, *und es ist nicht seine Absicht gewesen, dass sie sich vermischen.*

Seit dem vierten Jahrhundert haben verschiedene philosophische und ideologische Systeme das Christentum beeinflusst. Und wenn eine Ideologie der Welt das Christentum beeinflusst, äußert sich das darin, dass plötzlich anstelle von Christus etwas anderes an die zentrale Position des Glaubens rückt, was man dadurch schützen muss, dass man die Bibel verbiegt und alle, die dieser Auslegung nicht folgen, verbannt. Vom Platonismus und den alexandrinischen Philosophien in der frühen Kirche bis zum Liberalismus von Locke und dem Kommunismus von Marx in der Zeit von der Reformation bis zur Aufklärung.

Wir machen uns etwas vor, wenn wir glauben, dass wir die richtige Auslegung der Bibel zu jedem Absatz haben.

Wir machen uns etwas vor, wenn wir glauben, dass wir die richtige Auslegung der Bibel zu jedem Absatz haben, der etwas zu den Themen unserer Zeit zu sagen hat. Gnade uns Gott, wenn wir die Taten unserer Vergangenheit bereuen, ohne unser Denken in der Gegenwart zu ändern. Ist es dann überhaupt noch Reue?

Die Wahrheit verändert

Die Wahrheit zu sagen, kommt allen zugute, außer der Institution, die von Fehlinformationen lebt. Ein wahrer Dekonstruierender versucht nicht, das Christentum zu widerlegen, sondern es zu verbessern!

Ich habe eine Vorliebe für Dokumentarfilme. Wenn ich einen Tag frei und die Möglichkeit hätte, entweder einen Spielfilm oder eine Dokumentation zu sehen, würde ich mich für die Dokumentation entscheiden. Versteht mich nicht falsch – ich liebe Spielfilme, aber Dokumentarfilme fordern mich oft geistig stärker heraus.

Dokumentarfilme regen Gespräche an; Spielfilme setzen sie uns vor.

Dokumentarfilme erzählen die Geschichte des wirklichen Lebens; Spielfilme helfen uns, ihm zu entkommen.

Dokumentarfilme stellen gängige Annahmen infrage; Spielfilme bestätigen sie.

Dekonstruierende sind wie Dokumentarfilmer.

Im Jahr 2013 war meine älteste Tochter noch ein Baby, und mit ihr in einem Hotel zu übernachten, war eine Herausforderung. Sie war in einem Alter, in dem es einer Spezialausbildung bedurft hätte, um sie dazu zu bringen, im selben Hotelzimmer wie wir friedlich einzuschlafen. Sie brauchte saubere Windeln. Matratzenschoner unter dem Betttuch. Die Luft musste genau die richtige Temperatur haben. Kein Licht durfte durch die Vorhänge dringen und keine Geräusche außer dem weißen Rauschen von einem veralteten Tablet, das einzig und allein als Geräuschmaschine diente. Erst als all diese Bedingungen erfüllt waren, schlichen Lisa und ich uns ins Badezimmer, um uns unseren ersten gemeinsamen Dokumentarfilm auf Netflix anzusehen: *Blackfish*. Übrigens mit einem Kopfhörer, dessen Ohrstöpsel wir uns teilten.

> Dokumentarfilme regen Gespräche an, erzählen die Geschichte des wirklichen Lebens und stellen gängige Annahmen infrage. Dekonstruierende sind wie Dokumentarfilmer.

Ich hatte bis dahin noch nie eine so fesselnde Dokumentation gesehen! Sie handelte von der brutalen Behandlung der Tiere, vor allem der Killerwale, durch die Meeresfreizeitparks von SeaWorld. Dieser Dokumentarfilm veränderte meine Sicht auf SeaWorld.

Wie meine Frau und ich sehen sich auch viele andere Menschen gerne Dokumentarfilme auf Netflix an. Nach Angaben der Nachrichtenplattform *Insider* haben mindestens 73 Prozent der Netflix-Zuschauer schon einmal eine Dokumentation gesehen. Das sind über achtundsechzig Millionen Menschen![26] Lisa Nishimura, stellvertretende Leiterin der Dokumentationsabteilung bei Netflix, sagte gegenüber der *New York Times*: »Wir haben entdeckt, dass wir das Geschichtenerzählen aufwerten und auf eine globale Plattform bringen können, um einen besonderen kulturellen Moment, ein Ereignis, das uns alle prägt, zu schaffen.«[27] Im Fall von *Blackfish* war es ein großer Moment für die Unwissenden und Skeptiker – und ein schrecklicher für SeaWorld.

In *Blackfish* geht es nicht nur darum, wie schlecht SeaWorld seine Orcas behandelt, sondern auch darum, wie gut die Orcas eigentlich behandelt werden müssen. Ich habe gelernt, den dekonstruierenden Geist nicht zu verachten. Wir müssen zulassen, dass sein Licht in die dunklen Abgründe der Kirchengeschichte scheint und die Ungerechtigkeiten beleuchtet, die im Namen Gottes begangen wurden. Wir müssen zulassen, dass die Dekonstruierenden Druck auf die Wunden gegenwärtiger evangelikaler Praktiken ausüben, um die Blutung zu stoppen. Wir müssen verstehen, dass die ungezähmte Energie dieser heiligen Dokumentierer durch das Volk Gottes kanalisiert werden muss. Wir müssen lernen, uns an der Erneuerung aller Dinge zu beteiligen, indem wir die Ideen, Überzeugungen und Praktiken, die nicht zu Gottes ewigem Plan gehören, hinterfragen. Im Grunde genommen müssen wir Spezialisten auf diesem Gebiet werden, denn Jesus war ein Dekonstruierender.

Und er weigerte sich, sich mit weniger zufriedenzugeben als mit der Liebe Gottes.

3

DEKONSTRUKTION UND DEKONVERSION

Da ist ein Riss, ein Riss in allen Dingen. So kommt das Licht herein.

LEONARD COHEN, ANTHEM

Kritisiere nicht, was du nicht verstehst, mein Sohn.
Du bist nie in den Schuhen dieses Mannes gelaufen.

ELVIS

»Schon wieder eine Schlagzeile über einen ehemaligen Pastor, der seinen Glauben komplett aufgegeben hat, Lisa. Was geht hier eigentlich ab?«

Wir fuhren gerade mit den Kindern zum Eisessen, und ich konnte die Meldung nicht mehr einfach schweigend hinnehmen. Meine Frau wusste, dass in meiner Frage Ärger mitschwang. Ich fragte als ehemaliger Dekonstruierender. Jemand, den seine Fragen zermürbt hatten und der noch immer die geistliche Erschöpfung spürte, die das bewies. Nachrichten dieser Art nehmen mir immer noch den Wind aus den Segeln.

»Wer? Was ist mit ihm passiert?« Sie antwortete im Flüsterton. Die Kinder wurden leiser. Ich glaube, sie hatten gemerkt, dass ich erschüttert war. Wie aufs Stichwort ertönte die neueste Single von Justin Bieber! Als die Kinder anfingen mitzusingen, redeten wir weiter.

»Joshua Harris hat beschlossen, dass er kein Christ mehr ist. Jemand, der bei jeder Jugendfreizeit, an der ich teilgenommen habe, fast im Alleingang verantwortlich war für die Aufrufe zur Entscheidung für Jesus, bei denen viele ihre Schuld bekannten. – Er war Pastor, er hat Bücher geschrieben … Und jetzt besteht seine neue Mission darin, Menschen zu helfen, ihren Glauben zu dekonstruieren.« Ich war sichtlich aufgewühlt.

Lisa wartete mit ihrer Antwort länger als sonst. Ich fühlte mich unwohl, also drehte ich die Musik auf. Ich bin eine Sieben im Enneagramm, das heißt, ich neige dazu, Schmerz um jeden Preis zu vermeiden. Offensichtlich war die Musik nicht laut genug, denn ich höre immer noch regelmäßig das Echo ihrer Antwort.

»Preston, denkst du, dass du jemals den Glauben an den Nagel hängen wirst?« Lisa durchschaute meine wütende Fassade.

Ich verurteilte Joshua Harris und all die anderen vor ihm, weil sie mich tief im Inneren an meinen eigenen Kampf erinnerten. Ihre öffentliche Absage an den christlichen Glauben erinnerte mich daran, dass ich selbst nie so sicher bin, wie ich es gerne wäre.

»Was?«, erwiderte ich. »Nein, ich glaube nicht. Wie kommst du darauf?«

»Mir ist aufgefallen, dass du auf solche Geschichten fixiert bist. Anscheinend machen sie dich wirklich betroffen. Es fällt dir schwer, sie abzuschütteln.«

Sie hatte recht. Ich verstand, was Jacques Derrida meinte, als er schrieb: »Ich träume immer von einem Stift, der eine Spritze wäre.«[28] Ich war ein Junkie. Diese Schlagzeilen waren meine Droge.

Als wir an diesem Abend in der Eisdiele ankamen, wurde mir klar, dass meine Wut über die Situation mehr mit meiner eigenen Unsicherheit zu tun hatte als mit irgendjemand anderem. Mit jeder Geschichte über einen Menschen, der sich vom Glauben verabschiedet, wurde ich daran erinnert, dass Dekonversion, das Rückgängig-Machen unserer Bekehrung[29], für all die von uns eine Möglichkeit ist, die Glaubensgewissheiten zum Idol erheben. Und noch etwas wurde mir klar: warum ich mich auf solche Dekonstruktionsgeschichten fixiere. Ich fühle mich angezogen von der radikalen Offenheit und dem geistlichen Mut, die nötig sind, um die Wahrheit und den Nutzen des Christentums zu hinterfragen.

Vielleicht hast du schon Ähnliches empfunden.

Die Notwendigkeit, einige unserer eigenen Behauptungen zu hinterfragen.

Es ist die beunruhigende Tatsache, dass wir der Gewissheit unserer Jugend entwachsen sind und uns mit Fragen wohler fühlen als mit Antworten. Fragen wie:

Warum ist es falsch, schwul zu sein, aber richtig, zur Verteidigung meines Landes jemanden zu töten?
Wie kommt es, dass jeder Pastor so tut, als wüsste er, was die Bibel sagt, dass aber jeder etwas anderes darüber zu sagen hat?

In letzter Zeit habe ich mich gefragt, wie es sein kann, dass man mit einem bestimmten Gebet in den Himmel kommt, aber mit einem Leben, in dem man die Menschen liebt, ohne an Jesus zu glauben, in der Hölle landet. Eigentlich beschäftigt mich diese Frage schon eine ganze Weile.

Anstatt zu erkennen, dass Dekonstruktion ein ganz normaler Wegabschnitt für christliche Pastoren und Mystiker gleichermaßen ist, begraben wir diese Zeit der spirituellen Entwicklung, damit sie möglichst niemand sehen kann.

Das ist so, als ob man versucht, einen Wasserball unter Wasser zu drücken.

Folglich tummeln sich in den Kirchenbänken und im Internet eine Menge heimlicher Dekonstruierender, die sich in der Kirche nicht akzeptiert oder verstanden fühlen. Die feststecken in der Spannung zwischen Authentizität und Abfall vom Glauben. Die versucht sind, sich von der steigenden Flut der #Exvangelikalen mitreißen zu lassen. Die jedes Mal interessiert hinsehen, wenn eine neue Schlagzeile über einen ehemaligen christlichen Superstar auftaucht, der jetzt sozusagen aus dem Himmel herausgefallen ist. Nicht, dass wir uns wünschen, dass dies unsere Geschichte wird. Wir fragen uns nur, ob es etwas anderes gibt, das uns weiterbringen kann, ohne dass wir uns völlig vom Glauben verabschieden müssen.

Wenn die Antworten nicht funktionieren, gehen die Menschen zu den Fragen über.

Wenn die Antworten nicht funktionieren, gehen die Menschen zu den Fragen über. Und wenn Fragen nicht erlaubt sind, haben sie das Gefühl, keine Heimat mehr zu haben. In diesen Zeiten der völligen Orientierungslosigkeit angesichts der Reaktion von Gemeinden auf unsere Reise sind es diese Dekonstruierenden, die uns willkommen heißen. Ich bin nicht der Einzige, den diese Geschichten nicht loslassen.

Du verfolgst die Schlagzeilen doch auch.

Vergiss die Schlagzeilen! Was wir brauchen, sind authentische Berichte von Christen und ehemaligen Christen, die uns helfen, die Trümmer zu beleuchten, bevor wir daraus wieder etwas aufbauen. Menschen wie Josh helfen uns zu sehen, was wir nicht sehen können oder nicht sehen wollen. Wenn Gott der Inbegriff des Guten ist, dann brauchen wir Menschen, die uns aufzeigen, an welchem Punkt wir vom Guten abgewichen und schlecht geworden sind.

Darf ich vorstellen: Joshua Harris

Wenn du irgendwann in den letzten zwanzig Jahren in der evangelikalen Szene beheimatet gewesen bist, hast du wahrscheinlich von dem Buch *Ungeküsst und doch kein Frosch* gehört. Das war Joshs Debüt, ein *New York Times*-Bestseller. Geschrieben, als er einundzwanzig Jahre alt war! Danach schrieb er noch viele Bücher, aber keins davon hatte die durchschlagende Wirkung dieses Erstlingswerks. Joshs Buch war eine Festung für die moralisch Aufrichtigen und die sexuell Enthaltsamen. Ich erinnere mich, dass ich es in der Highschool las und meinem Jugendpastor erzählte, wie sehr ich Gott ehren wollte, indem ich so lebte, wie es mir dieses Buch empfahl. Mein Jugendpastor, der wusste, dass ich damals eine Freundin hatte, bestätigte mir, dass ich eine Beziehung nur mit ernsthaften Absichten führen sollte, statt sie unverbindlich zu halten. »Das bedeutet übrigens auch, dass ihr euch nicht küssen dürft«, sagte er mir. Schon eine Woche später musste ich in dieser Hinsicht um Vergebung bitten.

Ich kenne Joshua Harris persönlich. Als Fan, als Skeptiker und als jemand, der seinen Weg verfolgt. Schon wenige Minuten nachdem mein Interview mit ihm begonnen hatte, hatte ich das Gefühl, mit einem alten Freund zu sprechen. Er wirkte durch und durch bescheiden. Er lächelte viel. Und eine Lampe hinter seinem Kopf erweckte den Anschein, als hätte Joshua Harris einen Heiligenschein. Es war ein angenehmes Gespräch! Josh war nicht der, als den viele Christen ihn sahen. In den Schlagzeilen wurde er als Abtrünniger dargestellt, der jedes Interesse an geistlichen Dingen aufgegeben hatte. Nach unserem Gespräch bin ich überzeugt, dass Josh immer noch auf einer Reise ist – wie wir alle. Und dass Dekonstruktion keine Phase oder Jahreszeit des Lebens ist, sondern eine innere Haltung. Ein Versuch, das, was wir glauben, auf ehrliche und authentische Weise mit unserem Verhalten in Einklang zu bringen und es daran zu messen, ob es einen Nutzen für die Welt hat. Das gilt zumindest für Josh.

»Ich wollte nie dazu beitragen, dass Menschen anfangen, anders zu glauben oder sich vom Glauben abzuwenden«, sagte er mir. »Ich finde es einfach toll, wenn es Menschen gibt, die sagen: ›Lasst uns in den Dialog treten, lasst uns mit Menschen reden, die anders denken, lasst uns offen sein für Gespräche … und lasst uns offen dafür sein, überzeugt zu werden.‹

Das gilt auch für mein Buch *Ungeküsst und doch kein Frosch*. Es gibt in diesem Buch eine Menge Dinge, die ich bereue und für die ich mich entschuldigt habe«, erklärte Josh. »Es war damals ein aufrichtiger Versuch, meine Überzeugungen im Blick auf Liebe und Sexualität auszudrücken … Glauben und Leben in Einklang zu bringen.«

Während Josh sprach, schaute er immer wieder in verschiedene Richtungen, als ob er verschiedene Episoden seines Lebens vor seinem inneren Auge vorüberziehen sah. Dann sah er mich an und sagte: »Ich finde, dass *Reise* ein tolles Wort ist. Es ist überstrapaziert, aber eine tolle Beschreibung. Ich befinde mich immer noch auf einer Reise. Ich lerne immer noch dazu, ich wachse immer noch weiter.«

Wir sprachen dann darüber, wie es dazu kam, dass er als Dekonstruierender abgestempelt wurde. Das hat Josh nie angestrebt, aber er glaubt, dass man ihn mit dieser Gruppe in Verbindung bringt, weil er öffentlich gemacht hat, dass er seinen Glauben verloren hat. Was er dann sagte, zeigte mir, dass ich mit jemandem sprach, der über eine enorme intellektuelle Integrität verfügt. Mit Bezug auf seine öffentliche Abkehr vom Glauben sagte er:

> *Als ich erkannte, dass ich nicht auf dieselbe Weise glaubte und nicht dieselben Überzeugungen hatte, hat es mich seelisch belastet, dass ich von den Vorteilen*

dieser Version des Christentums profitierte, obwohl es sich nicht mit meiner Lebenswirklichkeit deckte. Ich habe großen Respekt vor dem christlichen Glauben ... wenn er wahr ist, muss man ihn ernst nehmen und nicht nur damit herumspielen.

Dass Josh sich öffentlich vom Glauben lossagte, war größtenteils auf den Druck zurückzuführen, den er als öffentliche Person verspürte. Er war ins Fragen geraten, und er wollte nicht, dass seine Bücher und Vorträge ihn auf eine bestimmte christliche Ecke festlegten, weil ihn das daran hindern würde, auf authentische Weise nach der Wahrheit zu suchen.

Wann Dekonstruktion zu Dekonversion führt

In unserem Interview gab Joshua Harris einige hilfreiche Hinweise darauf, warum Dekonstruktion manchmal zur Dekonversion führt. Es ist wichtig, dass wir sie kennen, damit wir unseren Glauben hinterfragen können, ohne ihn dabei aufzugeben. Und damit wir auch anderen vermitteln können, wie das geht.

Eine elitäre Grundhaltung

Innerhalb des evangelikalen Spektrums des Christentums ist eine elitäre Denkweise nicht selten. Sie verfestigt die ständige Verurteilung von Menschen, die keine Christen sind, aber ebenso die Verurteilung von Menschen, die glauben. Vertreter dieser elitären Geisteshaltung denken, dass alle, die nicht so theologisch exakt denken wie sie selbst, im besten Fall den Glauben gefährden und im schlechtesten Fall sogar Feinde des Glaubens sind. Im Gespräch mit Josh kamen wir auf dieses Thema, und er sagte mir, wie unflexibel er früher im Blick auf seinen Glauben gewesen war. »Es ging immer um alles oder nichts«, sagte er mir. »Ich habe mir ständig selbst über die Schulter geschaut, um sicherzugehen, dass ich alles richtig gemacht habe. Und das war letztendlich sehr anstrengend.«

Im Lauf der Geschichte haben Menschen die Bibel zur Legitimierung der unterschiedlichsten Ideen benutzt. Von der Einrichtung von Krankenhäusern bis zu den Kreuzzügen. Von der Hilfe für die Armen bis zum Versprechen von persönlichem Wohlstand für jeden, der glaubt. In vielen Epochen des Christentums, die sich durch eine starke Bewegung mit einer klaren Vision auszeichnen, findet man eine unerschütterliche Führungsfigur mit einer Unnachgiebigkeit in Bezug auf ihren Glauben, die geistliches Wachstum in sich selbst und anderen erstickt. Mit Ausnahme von Jesus, versteht sich. Jesus ist der einzige mir bekannte religiöse Lehrer, von dem ich weiß, dass er bewusst uneindeutige Antworten auf Fragen gab, die keine Folgen für die Ewigkeit haben. Er war nicht wischiwaschi in seinen Überzeugungen; er wollte nur nicht, dass die Menschen sich so sehr auf die falschen Dinge konzentrieren, dass sie das Wichtigste von allem verpassen: das Leben mit ihm. Aber in Bezug auf zwei Dinge war Jesus immer eindeutig: im Blick auf die Liebe zu Gott und die Liebe zu den Menschen.

Als Christen wollen wir Gott lieben, und wir wollen unsere Nächsten lieben. Aber als Menschen tun wir uns oft schwer damit, dies in unserem täglichen Leben gut umzusetzen. Das zeigt sich in unserem Umgang mit Christen wie Nichtchristen gleichermaßen. Gaia ist eine Atheistin, die sich vom Katholizismus abgewandt hat. Als wir uns unterhielten, fragte ich sie, wie ihre Vision für die Kirche in der Zukunft aussehen würde. »Ich würde mir wünschen, dass Kirchenmitglieder tatsächlich ihre Nächsten lieben, dass sie die LGBTQ+-Gemeinschaft lieben ... dass sie einfach besser darin sind, Menschen zu lieben. Euch Christen erwartet ein böses Erwachen, wenn es um die Auswirkungen eurer Liebe zueinander geht.«

Ich schwieg ein paar Minuten lang, bevor ich antwortete, weil ich nicht in die Defensive geraten wollte. »Gaia«, sagte ich, »was du gerade beschrieben hast, ist der Weg Jesu. Du hast recht. Wir Christen müssen zum Weg Jesu zurückfinden.«

Es ist unmöglich, offen zu sein für die schlimmen Situationen, in denen andere sich befinden, wenn wir ständig damit beschäftigt sind, dass wir alles richtig sehen, richtig machen, richtig verstehen. Eine alleinerziehende Mutter muss sich nicht sagen lassen, dass sie mit dem Schwangerwerden hätte warten sollen, bis sie verheiratet ist. Sie braucht Hilfe, um die Rechnungen zu bezahlen, ihr Kind zu erziehen und selbst eine berufliche Qualifikation zu erwerben. Jemandem, der Sozialhilfe bezieht, muss nicht gesagt werden, dass er faul ist, sondern er braucht Essen und eine Unterkunft, eine Ausbildung oder Hilfe beim Ausfüllen von irgendwelchen Formularen. Wenn wir meinen, im Blick auf alles und jedes im Recht zu sein, dann beweisen wir am Ende, wie falsch das Christentum ist. Eine unflexible, starre Theologie, die nur unsere Vorurteile und Vorlieben bestätigt, ist einer von mehreren Faktoren, die Menschen dazu bringen, sich vom Glauben zu verabschieden.

Eine unflexible, starre Theologie, die nur unsere Vorurteile und Vorlieben bestätigt, ist einer von mehreren Faktoren, die Menschen dazu bringen, sich vom Glauben zu verabschieden.

Übernehmen statt überdenken

Joshuas zweites Eingeständnis bezog sich darauf, dass er schon früh zu einem Verfechter einer bestimmten Art von Christentum geworden war.

»Weil ich noch so jung war, als ich die Leitung einer solchen Bewegung übertragen bekam, befand ich mich schnell in einer Situation, in der ich alles übernahm, was vorgegeben war – anstatt Beziehungen aufzubauen und mit Menschen in Kontakt zu treten, die anders waren als wir. Ich vertrat alle Überzeugungen, ohne schwierige Fragen zu stellen und ohne zu berücksichtigen, was für Erfahrungen Menschen damit gemacht hatten.« Kurz bevor er mir das erzählte, hatte Josh darüber gelacht, auf welch schmalem theologischen Ast er und seine Freunde sich befunden hatten. »Es war eher ein kleiner Zweig«, scherzte er.

An dem Gedanken, dass man als junger Mensch manchmal die Glaubensüberzeugungen anderer einfach eins zu eins übernimmt, ist etwas dran. Negativ betrachtet wird es Indoktrination genannt. Wenn wir einen Glauben zu früh einfach so annehmen, ist das nicht selten ein Grund, warum wir uns später im Leben davon distanzieren. Um solche Dekonversionen zu vermeiden, müssen wir sicherstellen, dass wir unsere Perspektiven erweitern und uns mit unseren Zweifeln und schwierigen Fragen auseinandersetzen können, solange wir ein stabiles Umfeld haben und in unseren Überzeugungen noch wachsen können.

Für kritische Fragen in Stücke gerissen werden

Die dritte aufschlussreiche Erkenntnis, die ich von Josh in Bezug auf die gegenwärtige Dekonstruktionsbewegung bekam, bezog sich darauf, inwiefern sie sich von der früheren *Emerging Church*-Bewegung aus den späten 1990er- und frühen 2000er-Jahren unterschied. Die Emerging-Church-Bewegung wurde von Pastoren und Gemeindeleitern getragen, die sich leidenschaftlich dafür einsetzten, Kirche anders zu gestalten. Autoren wie Brian McLaren und Rob Bell gehören zu den Aushängeschildern der Emerging Church.

In der Zeit, als diese Bewegung an Breitenwirksamkeit gewann, war es ihr aufrichtiges Anliegen, die Einheit der Kirche als Ganzes zu bewahren. Die Anhänger der Bewegung waren zum Beispiel Menschen, die der Kirche prophetische Einsichten vermittelten. Um es mit den Worten von Dorothy Day zu sagen: »Was die Kirche betrifft – wohin sollen wir sonst gehen als zur Braut Christi, die ein Fleisch mit Christus ist? Sie mag zuzeiten eine Hure sein, aber sie ist unsere Mutter.«[30]

Die Emerging Church hatte etwas von Dorothy Day an sich. Die heutige Dekonstruktionsbewegung ist anders. Josh hat die Emerging-Church-Bewegung mit der Dekonstruktion, die Menschen heute vollziehen, folgendermaßen verglichen:

> *Die Emerging Church war eine frühe Welle, in der sich dasselbe abspielte wie heute. Der Unterschied ist jedoch, dass diese Bewegung innerhalb der Kirche stattfand. Die Leute sagten: »Wir wollen das hier dekonstruieren. Wir sind immer noch Kirche, aber wir sind eine bessere Kirche. Wir sind die Emerging Church.« Nur wurde diese Position von konservativen Kreisen in der Kirche bekämpft, als wäre sie ein Krebsgeschwür.*
>
> *Wenn jemand innerhalb der Kirche bei lebendigem Leibe aufgefressen wird, macht es das wahrscheinlicher, dass er sich letztendlich von seinem Glauben abwendet. Denn diese Erfahrung ist traumatisch und schwer zu überwinden. Was an der heutigen Dekonstruktionsbewegung anders ist, ist die Tatsache, dass [die Leute, die dekonstruieren] nicht unbedingt in [der Kirche] sind, und dass ihnen egal ist, was man von ihnen hält.*

Josh hatte mir einige Einsichten zu bieten, die mir neu waren. Dekonstruktion von innen ist etwas völlig anderes als Dekonstruktion von außen.

Meine Begegnung mit Josh war ein Geschenk. Er und ich überlegen, wo wir weiter zusammenarbeiten können, um unsere jeweiligen Gemeinschaften auf dem Weg zur Wahrheit zu unterstützen. Natürlich gibt es Bereiche, in denen wir nicht einer Meinung sind, und das ist in Ordnung. Aber das Gespräch mit ihm hat meine Erkenntnisse an anderer Stelle bestätigt.

Dekonstruktion wird wahrscheinlich zu Dekonversion führen, wenn die Theologie unflexibel ist, wenn Menschen nicht schon in jungen Jahren ermutigt werden, Fragen zu stellen, und wenn kritische Stimmen innerhalb der Kirche bei lebendigem Leib verschlungen werden. Wie können wir also zu einem guten Weg der Dekonstruktion zurückfinden?

Indem wir das Gegenteil der drei gerade benannten Praktiken umsetzen.

Manche Lektionen kann man von Joshua Harris lernen. Andere von einem toten Einsiedlerkrebs.

Was man von einem toten Einsiedlerkrebs lernen kann

Auf unablässiges Drängen meiner achtjährigen Tochter Piper habe ich ein weiteres Haustier in die Familie aufgenommen. Diesmal sollte es das denkbar pflegeleichteste Tier sein, vorzugsweise eines mit einer kurzen Lebenserwartung. Nachdem Piper ihre wöchentlichen Pflichten im Haushalt vernachlässigt hatte, um stundenlang zu recherchieren, welches Haustier dieses Kriterium erfüllen würde, kam sie auf … Einsiedlerkrebse.

»Du kannst auch einen für dich kaufen, Papa!«, rief sie, als ihr klar wurde, wie billig sie waren.

Monatelang lebten die beiden Einsiedlerkrebse in unserem Haus, ohne viel Aufmerksamkeit zu verlangen. Zu meiner Freude stellte ich fest, dass sie im Grunde genommen Einsiedler waren –

wie der Name ja besagt. Selbstgenügsame Einsiedler. Bis zu dem Tag, an dem unsere Familie eines Abends nach Hause kam und einen Tatort vorfand.

Piper ging zu den Krebsen und musste feststellen, dass die Zangen ihres Exemplars in zwei verschiedenen Ecken des Terrariums lagen. Ihr Krebs war ermordet worden! In Stücke gerissen von meinem.

»Papa!«, schrie sie. »Dein Krebs hat meinen Krebs getötet!«

Ich habe genug Beratungsgespräche geführt, um zu wissen, dass genau solche Erinnerungen hochkommen werden, wenn Piper dreißig ist und herauszufinden versucht, warum sie Männern nicht vertrauen kann. Nach ein paar Minuten tränenreichen Gesprächs beschlossen wir, in die Zoohandlung zu gehen, um ihr einen neuen, noch immer kostengünstigen Einsiedlerkrebs zu besorgen.

»Warum ist das passiert?«, fragte ich den Verkäufer im Zoogeschäft.

»Das ist ganz einfach«, antwortete er, während er uns in den Kleintierbereich des Ladens voranging. »Der Krebs Ihrer Tochter war aus seinem Gehäuse herausgewachsen und brauchte ein neues Zuhause. Das einzige verfügbare Gehäuse, das er finden konnte, war das des anderen Krebses. Als er versuchte, dort hineinzukriechen, fühlte sich dieser Krebs bedroht und schnitt den anderen in Stücke.«

Mit dem beunruhigenden Bild eines Einsiedlerkrebses ohne Gehäuse (bitte nicht googeln) im Kopf fragte ich: »Wie können wir verhindern, dass so etwas noch einmal passiert?«

»Tun Sie Folgendes: Legen Sie leere Muscheln ins Terrarium. Beide Krebse werden aus ihrem Gehäuse herauswachsen. Aber dann finden sie einen sicheren Platz, an dem sie weiterwachsen können, sobald sie aus ihren ursprünglichen Schalen herausgewachsen sind.«

Tatatata … verehrte Damen, verehrte Herren! Ich präsentiere Ihnen – Glauben nach Art der Einsiedlerkrebse.

Glauben wie ein Einsiedlerkrebs

Sieht nicht genau so die entmutigende Realität der aktuellen Entwicklung in unseren Kirchen und Gemeinden aus? Menschen, die in der Gemeinde groß geworden sind, haben ihre Weltanschauung dekonstruiert, sind aus dem Glauben ihres Elternhauses herausgewachsen und wurden bei dem Versuch, wieder in die evangelikale Hülle zurückzukehren, abgeschlachtet. Für den Leib Christi besteht der Weg, der uns weiterbringt, nicht darin, Dekonstruierenden die Rückkehr in die Gemeinde zu verweigern. Und auf die Gefahr hin, dass ich jetzt klinge wie ein heiliger Häretiker: Ich denke, wir wären nicht in der Situation, in der wir heute sind, wenn ein strikt apologetischer Ansatz früher funktioniert hätte.

Was wäre, wenn wir uns stattdessen darin üben würden, unseren eigenen Glauben zu dekonstruieren – und zu rekonstruieren? Was, wenn es ein genialer Gedanke ist, das Alte abzureißen, bevor man etwas Neues aufbaut? Die Wahrheit ist: Wir sind gerade dabei, aus unserem eigenen geistlichen Gehäuse herauszuwachsen. Wir müssen es hinter uns lassen, damit wir ein Christentum aufbauen können, das Menschen nicht gefährdet und das die »Außenseiter« feiert, wenn sie ihren Platz darin suchen. »Wenn du es aufbaust, werden sie kommen« – das funktioniert vielleicht nicht mehr bei Kirchengebäuden[31]; aber es kann uns weiterbringen beim Umgang mit denen, die den Glauben ablehnen oder hinter sich gelassen haben.

Wir brauchen einen Weg, der uns voranbringt, indem er die drei oben genannten Tendenzen umkehrt, die zur Abkehr vom Glauben führen.

Wir brauchen flexible Theologien.
Wir müssen Fragen als geistliche Gaben und das Hinterfragen als geistliche Disziplin behandeln.
Wir müssen die Kritiker innerhalb der Kirche mit an den Tisch holen. Ist es zu gewagt, wenn ich sage: Sie müssen Hauptamtliche sein dürfen?

Eine neue Generation ist auf der Suche nach vorurteilsfreien Räumen, in denen sie Fragen nach der Wirksamkeit, dem Nutzen und dem Wahrheitsgehalt des christlichen Glaubens stellen kann. Wenn wir nicht in der Lage sind, solche Räume zu schaffen, werden wir den Suchenden unserer Zeit keine andere Wahl lassen, als sich an andere Orte zu begeben, an denen es erlaubt ist, Fragen zu stellen.

Einfach ausgedrückt: Wenn die Kirche die Dekonstruierenden nicht auf ihrem Weg begleitet, ihre Beziehung zu Jesus wiederherzustellen, dann wird die Kirche insgesamt dekonstruiert werden. Und dann wird niemand mehr übrig sein, um aus den Überresten wieder etwas aufzubauen.

Wir müssen fähig werden, einen sicheren Raum bieten zu können, oder die Tage der Kirche sind gezählt. In den westlichen Gesellschaften gilt: Wer den Dekonstruierenden Sicherheit bieten kann, wird ihr Vertrauen gewinnen – und letztlich die Richtung vorgeben, in die die Nachdenklichen unter unseren Zeitgenossen ihr Denken lenken werden.

Wiederaufbau als Ziel

Die Schlagzeilen über Joshs Abwendung vom Glauben haben mich damals erschüttert. Nachdem ich mit ihm gesprochen habe, muss ich feststellen, dass die Schlagzeilen nichts anderes sind als Klick-Köder. Fast schon Angstmacherei von theologisch konservativen

Mitgliedern einer Elite. Wir sollten aber nicht ängstlich, sondern neugierig sein. Wir müssen den Weg erkunden, um die Fallstricke zu vermeiden. Vielleicht hätte es bei all dem, was mal »klipp und klar« gesagt werden musste, weniger darum gehen sollen, dass man nicht mit dem Freund oder der Freundin ins Bett geht, sondern vielmehr darum, wie man Glauben an Jesus bewahrt. Wer hätte das gedacht!

Manchen scheint dieser Weg zu kirchenkritisch zu sein. Zu wenig Lob, zu viel Klage. Und wenn das deine Sicht von Dekonstruktion ist, dann gehörst du zu den wenigen, die die Kirche als eine unanfechtbare Institution betrachten. Aber wir müssen uns dieselben Fragen stellen wie unsere zweifelnden Brüder und Schwestern – um Jesu willen.

Es gibt nur einen Weg zu einer Leben spendenden Beziehung zu Jesus, und der führt durch das Tal des Todes. Die meisten Glaubenshaltungen müssen mindestens einmal sterben, damit sie auferstehen können. Als verherrlichter, aber kaum wiederzuerkennender Glaube, nehme ich an. Dieser Prozess ist im Lauf der Jahrhunderte mit vielen Namen benannt worden. Johannes vom Kreuz nannte ihn die »dunkle Nacht der Seele«[32]. Es spricht viel für die These, dass sich aus dem wiedererweckten Glauben von Einzelnen und Gruppen ganze Denominationen gebildet haben. In den letzten etwa dreißig Jahren wurde dieser Prozess als Dekonstruktion und Rekonstruktion bezeichnet.

In einer Zeit, in der die sozialen Medien das wichtigste Informations- und Kommunikationsmittel sind, erklingt ein vernehmbarer Schlachtruf zur Dekonstruktion des westlichen Evangelikalismus. Das ist an sich nichts Neues, aber er artikuliert sich lauter als früher. Die selbst ernannten Dekonstruierenden treten aus der Kirche aus, sagen sich los vom Glauben ihrer Kindheit, und auf ihrem Weg aus der Kirche heraus beeindrucken sie andere intellektuelle Köpfe und nehmen sie mit. Hoffentlich gelangst du zu der Einsicht, dass es an der Zeit ist, die Welt der Dekonstruktion für dich selbst zu entdecken, ein umfassenderes Evangelium auszugraben und einen Glauben zu rekonstruieren, der überzeugender ist als alles, was du vorher gekannt hast. Einen seltenen, kostbaren Glauben von der Art, wie Zweifler und Dekonstruierende ihn schon lange ersehnt haben.

Wenn du noch zögerst, bist du darin nicht allein. Solange ich mich erinnern kann, haben Evangelikale das Hinterfragen des Glaubens mit der Zerstörung des Glaubens gleichgesetzt. Für viele Pastoren und viele besorgte Eltern ist Dekonstruktion die Vorarbeit für Dekonversion, dafür, den Glauben aufzugeben. Ich wünschte, diese Wörter wären nicht so eng miteinander verbunden. Dennoch ist Dekonstruktion der Weg, der weiterführt. Ohne eine Strategie der Kirche in diesem Bereich werden unsere Söhne und Töchter ganz sicher abdriften.

Ist es ein Weg, den du zu beschreiten bereit bist?

Was, wenn am Ende ein Glaube steht, der viel jesuszentrierter ist als vorher?

»Ein Weg durch die Dekonstruktion?«, sagst du vielleicht. »Warum sollte ein Christ andere dazu ermutigen, ihren Glauben infrage zu stellen?«

Was, wenn am Ende ein Glaube steht, der viel jesuszentrierter ist als vorher?

Stell dir vor, man sagte einem Ausbilder für Schusswaffen, dass er den Leuten, die schießen lernen wollen, nicht beibringen sollte, wie man sicher mit einer Waffe umgeht. *Was, wenn jemand diesen Kurs nutzt, um einen anderen Menschen zu töten?*, denkst du vielleicht, auch wenn das eine ziemlich vereinfachte Sichtweise auf den Zweck des Kurses ist.

Menschen, die Schusswaffen missbrauchen, tun dies mit oder ohne Unterricht in ihrem Gebrauch. Der Weg durch die Dekonstruktion ist ähnlich. Natürlich könnte er damit enden, dass jemand sich vom Glauben verabschiedet. Aber das Ziel dieses Weges der Dekonstruktion ist es, sich auf die Wahrheit einzulassen, die übrig bleibt, wenn die Denkmäler der Vorurteile und Meinungen zu Asche verbrannt sind. Und ist das nicht die Geschichte so vieler anderer, die uns vorangegangen sind?

Inspirierende Gestalten der Geschichte, bekannte und unbekannte Kämpfer für den Glauben, sind ein deutliches Indiz dafür: Es entspricht dem Geist Christi, wenn jemand sich dem Ziel verschreibt, das wieder aufzubauen, was seine von der Suche nach Wahrheit motivierten Fragen niedergerissen haben. Historisch gesehen ist das Christentum unlösbar verbunden mit Dekonstruierenden, die heute als Helden verehrt werden. Vertrauenswürdige Wegführer von Jesus über den Apostel Paulus bis hin zu Martin Luther sind zu theologischen Genies geworden, die in der Lage waren, »alles in die Luft zu jagen« und mit den Überresten strategisch etwas Neues aufzubauen.

Könnte es sein, dass Dekonstruktion die Paradedisziplin eines Nachfolgers Jesu ist und nicht die eines Atheisten?

Ja, ich habe Disziplin gesagt. Eine Verhaltensweise, die von Jüngern Jesu praktiziert wird. Man kann es auch geistliche Übung nennen. So wie es aussieht, sind die Menschen nicht in der Lage, die Aufspaltung zwischen religiöser Tradition und schlüssiger Theologie zu verarbeiten. Und weil es keine Strategie für die Dekonstruktion gibt, wird Dekonstruieren zum Selbstzweck. Dekonstruktion sollte jedoch ein Mittel zum Zweck sein, nämlich zu dem Zweck, den eigenen Glauben zu rekonstruieren, um ihn dann in Demut, mit Verlässlichkeit und einem neu gewonnenen persönlichen Vertrauen weitergeben zu können. Um es noch einmal zusammenzufassen:

Ohne eine Strategie wird Dekonstruktion zum Selbstzweck.
Mit einer Strategie wird sie zu einem Mittel zum Zweck.
Dieser Zweck ist die Rekonstruktion des Glaubens an einen Gott, der Jesus ähnlich sieht.

Ich hoffe, du spürst die Dringlichkeit hinter diesen Worten. Wenn du selbst vielleicht den Wind des Zeitgeistes gerade nicht spürst, der eine »Kartenhaus-Theologie« bedroht – deine Angehörigen und Nachbarn spüren ihn ganz sicher. Einem Artikel von *USA Today* zufolge kommen auf einen Menschen, der zum Glauben findet, vier, die sich vom Glauben abwenden.[33] Auch wenn Dekonstruktion nicht immer zu Dekonversion führt, ist doch jeder, der den Glauben hinter sich lässt, durch das Tal der Dekonstruktion gegangen.

Erkunden wir also das Terrain gemeinsam.

4

DEKONSTRUKTION UND AUTORITÄT

Der Mensch, der stolze Mensch,
In kleine, kurze Majestät gekleidet,
Vergessend, was am mind'sten zu bezweifeln,
Sein gläsern Element, – wie zorn'ge Affen,
Spielt solchen Wahnsinn gaukelnd vor dem Himmel,
Dass Engel weinen.

SHAKESPEARE, MASS FÜR MASS[34]

Wir sind alle ziemlich seltsam. Manche von uns sind nur besser darin,
das zu verstecken, das ist alles.

ANDREW CLARK IN THE BREAKFAST CLUB

Wie würde die evangelikale Christenheit Jesus behandeln, wenn er tatsächlich an einem Sonntagmorgen im Gottesdienst auftauchen würde? Ich denke, sie würden ihn so behandeln, wie Bruno von seiner Familie in dem Film *Encanto* behandelt wurde.

Wie jeder gute Disneyfilm lädt uns *Encanto* ein, uns von einer anderen Kultur und einem anderen Land verzaubern zu lassen. In diesem Fall werden wir nach Kolumbien entführt. Der Film handelt von einer Familie, den Madrigals, die in einem magischen Haus lebt, das sie Encanto (spanisch für »Verzauberung«) nennt. An einem bestimmten Geburtstag erhält jedes Kind der Familie eine besondere Zauberkraft. Während wir die Charaktere nach und nach kennenlernen, wird uns klar, dass die Begabungen, die die Kinder erhalten, sehr unterschiedlich sind. Pepa kann mit ihren Gefühlen das Wetter steuern, während Dolores die Gabe eines übermenschlichen Gehörs besitzt. Camilo hat die beeindruckende Fähigkeit, sich in eine andere Gestalt zu verwandeln, aber der jüngste Madrigal könnte ihn noch schlagen: Kann man Antonios Fähigkeit, mit Tieren zu sprechen (und einen Jaguar als Haustier zu halten und darauf zu reiten), übertreffen? So einzigartig wie jedes Mitglied der Familie Madrigal ist, zwei in der Familie stechen besonders hervor: Mirabel und Bruno. Mirabel hat nie eine besondere Fähigkeit zu ihrem Geburtstag bekommen. Bruno hingegen hat eine Begabung, die nicht gut ankommt. Brunos Gabe ist für alle, die im Encanto leben, eher ein Fluch. Bruno kann in die Zukunft sehen, und seine Vorhersagen sind oft bedrohlicher, als es der Familie lieb ist. Und so unheilvoll sie auch sind, Brunos Vorhersagen treffen immer ein.

Irgendwann bemerkt Mirabel, dass das Encanto dabei ist zu zerfallen. Die Lebensquelle des Hauses ist eine einzige Kerze, und eines Abends sieht Mirabel, wie sie flackert und wie die Wände Risse bekommen. »Alles in Ordnung!«, verkündet Abuela auf einer Party, aber irgendwo im Inneren wissen alle in der Familie, dass etwas nicht stimmt.[35] Die Kräfte einiger Kinder spielen verrückt, und Mirabel nimmt es auf sich, das Haus, das sie liebt und in dem sie aufgewachsen ist, zu retten.

Unterbrechen wir hier mal kurz.

Die, die besondere Begabungen haben, wollen, dass die Show weitergeht. Es ist die »gewöhnliche«, unbegabte Person, die das Haus retten will. Die Suche nach den Ursachen wird der Person überlassen, die nicht mit ihren besonderen Fähigkeiten oder dem Applaus der Menge beschäftigt ist.

Behalten wir das im Hinterkopf.

Mirabel ist davon überzeugt, dass das Haus es wert ist, gerettet zu werden, aber um es zu retten, muss sie Bruno finden. Bruno war vor Jahren wegen seiner deprimierenden, manchmal beängstigenden Visionen verbannt worden, und niemand weiß, wo er steckt. Mirabel findet einen Weg in die Mauern des Encanto hinein, und dort findet sie Bruno. Er versteckt sich. Er isst mit den Ratten und verhält sich ein wenig verrückt. Aber er sehnt sich die ganze Zeit nach seiner Familie. Wir erhalten sogar einen Blick auf die Rückseite der Küchenwand, wo er einen Tisch mit einem Teller aufgestellt hat, um mit der Familie zu essen, ohne dass diese es weiß. Er kommt seiner Familie so nahe wie möglich, ohne dass ihn jemand bemerkt. Hätten die anderen Madrigals herausgefunden, dass Bruno sich in ihren Wänden befindet, hätten sie sich noch weiter abgeschottet, um ihn fernzuhalten. An einer Stelle sagt Bruno: »Meine Fähigkeit hat der Familie nicht geholfen, aber … Ich liebe meine Familie eben, verstehst du?« Er liebt seine Familie wirklich – ebenso wie ihr Haus. Als wir ihn näher kennenlernen, stellen wir fest, dass Bruno die Risse in den Mauern von innen her flickt. Auch er will nicht, dass das Encanto auseinanderfällt.

In einer letzten Vision Brunos geht es um Mirabel und die Zerstörung des Encanto. »Meine Vermutung ist«, sagt er ihr, »dass die Familie, der Encanto, das Schicksal des Wunders selbst, alles von dir abhängen wird.«[36] Brunos Vision von der Zerstörung des Hauses enthält einen Hinweis darauf, dass Mirabel mit ihrer Schwester Isabel sprechen muss. Isabel ist begabt, sie sieht perfekt aus, sie kommt perfekt rüber, und ihre fantastischen Eigenschaften sind für Mirabel frustrierend. Doch am Ende lädt Mirabel Isabel und alle ihre Geschwister dazu ein, wahrhaftig zu werden. Authentisch. Mit einer echten Ich-habe-auch-Probleme-Authentizität. Sie müssen nicht perfekt sein, und sie müssen nicht vor der ganzen Stadt glänzen. All das verärgert Abuela und bringt das Haus zum Einsturz. Das Haus bricht zusammen, aber Brunos Ruf wird wiederhergestellt. Er wird wieder in die Familie aufgenommen und darf aus den Mauern herauskommen. Als das Haus wieder aufgebaut wird, ist es die gewöhnliche, nicht besonders begabte, nicht charismatische Mirabel, die vom Haus als Erste willkommen geheißen wird (es ist ja ein magisches Haus, wie wir wissen).

Als ich diesen Film zum ersten Mal sah, wurde er für mich zum Gleichnis. Ehrlich gesagt, bin ich überrascht, dass keines der Evangelien berichtet, dass Jesus diese Geschichte erzählt. Ich habe den Film gerade noch einmal mit meinen Kindern gesehen, und ich bin überzeugt, dass jede Botschaft, die Disney damit vielleicht vermitteln wollte, gegenüber diesem einen Hauptgedanken zurücktritt:

Jesus versteckt sich in den Mauern seines Hauses.

Jesus versteckt sich in den Mauern seines Hauses.

Und die Brüder und Schwestern, die nicht in das Schema der Familie passen, finden ihn, weil sie sehen, dass das Haus Risse bekommt.

Und das Haus *hat* Risse.

Risse in den Wänden

Stell dir vor, Jesus kommt an einem Sonntagmorgen in einen Gottesdienst. Alle fangen an, Lieder für Gott zu singen, ohne zu wissen, dass er da ist. Die Predigt ist kraftvoll, wortgewandt und perfekt vorgetragen, mit bewussten Pausen nach eindrucksvoll formulierten Sätzen. Es bleibt genügend Zeit zum Nachdenken, bevor der nächste Gottesdienst beginnt. Jesus schaut sich um und fragt sich, ob er auf die Risse in den Wänden hinweisen soll.

Manche Kritiker haben recht: Die Wände haben *tatsächlich* Risse.

Keine, die wir sehen können, natürlich. Aber wir alle können sie spüren. Und die Risse und Brüche im aktuellen Kirchenmodell – nicht die herausgeputzten Teile des Gebäudes, die wir den Besuchern zeigen – sind der Ort, an dem wir Jesus finden werden. Mit »wir« meine ich diejenigen von uns, die bereit sind, auf bequeme Plätze im Haus zu verzichten, um Jesus in den Wänden zu finden.

Wenn wir die Welt nicht mit den Augen Jesu sehen, ist unser Blick darauf, wie die Dinge wirklich stehen, gefährlich begrenzt. Seit Jahrtausenden hat der Gott, der aussieht wie Jesus, von den Mauern religiöser Versammlungen aus eine Vision verkündet, die uns Angst macht.

Hör zu, Familie Israels,
hört diese Botschaft, die ich in Fettdruck sende, diese traurige Warnung …
»Ich kann eure religiösen Treffen nicht ausstehen.
Ich habe genug von euren Konferenzen und Tagungen.
Ich will nichts mit euren frommen Projekten,
euren hochtrabenden Slogans und Zielen zu tun haben.
Ich habe genug von euren Spendensammelaktionen,
von eurer Öffentlichkeitsarbeit und Imagepflege.
Ich habe die Nase voll von eurer lauten Ego-Musik.
Wann habt ihr zum letzten Mal für mich *gesungen?*
Wisst ihr, was ich will?
Ich will Gerechtigkeit – ganze Ozeane voll davon.
Ich will Fairness – sie soll alles überfluten wie ein Strom.
Das ist es, was ich will. Das ist alles*, was ich will.«*
AMOS 5,1.21-24 (MSG)

Ich habe in meinem Leben viele Gemeindegründungen miterlebt, und ich bin überzeugt, dass Jesus eine radikale Kritik an christlichen Führungsfiguren und an der Art und Weise, wie menschliche Traditionen höher eingeschätzt werden als die biblische Wahrheit, zulässt. An keiner Stelle des Neuen Testaments verteidigt Jesus ein bestimmtes Modell von christlichem Dienst oder einen Mann Gottes. Sein Leben ist das Modell, und er ist der Mann. Alle anderen Möglichkeiten erledigen sich von selbst.

Eine brisante Vorhersage

Ich bin mir nicht immer sicher, wie ich den Abschnitt in Markus 13,1-4 verstehen soll. Er berichtet, wie fasziniert die Jünger vom Anblick des Tempels sind und wie Jesus darauf reagiert: Er sagt voraus, dass der Tempel zerstört werden wird. Sowohl die Prophezeiung als auch ihre Erfüllung erscheinen mir seltsam. Jesus hätte die Zerstörung des Tempels verhindern können. Er hätte die jüdischen Truppen sammeln oder seinen Jüngern sagen können, wie sie Jerusalem und die dortige jüdische Geschichte, die die Stadt verkörperte, schützen können. Stattdessen taucht Jesus als der Prototyp von Bruno auf.

> *Als Jesus an jenem Tag den Tempel verließ, sagte einer seiner Jünger zu ihm: »Lehrer, sieh nur diese herrlichen Bauten! Welch gewaltige Steine sind in diesen Mauern!« Jesus antwortete: »Diese prachtvollen Bauten werden so vollständig zerstört werden, dass nicht ein Stein auf dem anderen bleibt.«*
> *Später ließ Jesus sich an den Hängen des Ölbergs nieder, die gegenüber dem Tempel lagen. Da kamen Petrus, Jakobus, Johannes und Andreas zu ihm und fragten: »Wann wird das alles geschehen? Wird es vorher ein Zeichen dafür geben, wann sich das alles erfüllen wird?«*
> MARKUS 13,1-4

Etwa siebenunddreißig Jahre nach dieser Vorhersage Jesu wurden Jerusalem und der Tempel verwüstet. Anhänger Jesu wurden verhaftet, vor Gericht gestellt und von Titus Caesar getötet. Von 70 bis 135 n. Chr. versuchten römische Regierungsbeamte, das jüdische Volk von der Erde zu tilgen – und selbst noch aus der Erinnerung. Der Kirchenhistoriker Flavius Josephus war »Zeuge der Belagerung und der Nachwehen« und dokumentierte, was er sah:

> *Sobald das Heer keine Menschen mehr zu töten oder zu plündern hatte, weil es keine mehr gab, an denen es seinen Zorn austoben konnte, gab Titus Cäsar den Befehl, die ganze Stadt und den Tempel zu zerstören ... Sie wurde von denen, die sie bis auf die Grundmauern abtrugen, quasi dem Erdboden gleichgemacht, sodass nichts übrig blieb, was die, die dorthin kamen, hätte glauben lassen, Jerusalem sei jemals bewohnt gewesen.*[37]

Unter dem Dach talmudischer Rabbiner gab es zwei Gruppen, die uns helfen, die jüdische Geschichte zu verstehen und zu interpretieren. Diese beiden Gruppen waren die *Tanna* und die *Amora*. Die *Tannaim* stellten mündliche Überlieferungen zusammen, die sich grob (und ich verwende diesen Begriff nicht im strengen Sinn) auf das Gesetz stützten. Die *Amoraim* waren die Ausleger, die Kommentatoren ihrer Zeit. Sie zogen die Fäden der Geschichte auf, um einen Sinn zu entschlüsseln, der dem jüdischen Volk helfen würde, zerstörerische Verhaltensweisen der Vergangenheit nicht zu wiederholen.[38] Die *Amoraim* glaubten, dass der Fall Jerusalems eine Strafe Gottes für das jüdische Volk war.[39] Israel war zu einem Volk geworden, das sich mehr darum kümmerte, wer im Recht war, als darum, wer in Not war. Nach dieser Zerstörung wandten sich viele Juden vom Glauben ihrer Kindheit ab. Andere schlossen sich der jungen Bewegung des Christentums an. Und das ist der Punkt, an dem ich die Vorhersage von Jesus verwirrend finde.

Auf der einen Seite sagt Jesus die Zerstörung des Tempels voraus, während seine Anhänger von der Großartigkeit des Gebäudes fasziniert sind. Als Pastor sollte ich diese Lektion nie vergessen und mich nie vom Prunk und Pomp der Welt ablenken lassen. Andererseits hat die Erfüllung seiner Vorhersage den physischen und geistlichen Tod so vieler Menschen verursacht. Warum hat Jesus das zugelassen? Warum haben seine Anhänger es sich nicht zur Priorität gemacht, das zu verhindern? Warum hat Paulus nicht die Sache in die Hand genommen und sie zu seiner zentralen Mission gemacht? Oder zumindest eine Finanzierungskampagne für den Wiederaufbau gestartet? Wo war Jesus bei der Zerstörung des Tempels? Natürlich habe ich unendlich viele Fragen, warum Jesus die Zerstörung von allem, was die religiösen Menschen seiner Zeit aufgebaut hatten, nicht verhindert hat.

Nach der Lektüre etlicher Kommentare und der eingehenden Beschäftigung mit dem Ereignis selbst bin ich der Meinung, dass die Zerstörung des Tempels ein schrecklicher Völkermord war. Gott hat dieses Ereignis nicht gebilligt, es war nie Gottes Idee. Ich denke aber, dass es unausweichlich war und dass die *Amoraim* da auf einer richtigen Spur waren. Gottes Herz, wie wir es durch Jesus kennen, ist nicht erfüllt von »Wir-gegen-den-Rest-der-Welt«-Geschichten. Es ist vielmehr eine »Wir-für-den-Rest-der-Welt«-Geschichte!

Wenn das Muster »Wir gegen die anderen« die vorherrschende Denkweise des Volkes Gottes ist, kann es sein, dass Gott den Abriss seines Hauses zulässt … samt den Ideen, auf denen das Haus gebaut wurde. Es ist Gottes Herzensanliegen, dass alle Menschen in sein Haus aufgenommen werden (Johannes 14,2). Aber wenn das Haus Gottes den Menschen nicht das Herz Gottes offenbart, wird es zwangsläufig zusammenbrechen.

Die Ideologien und Idole, die uns beeindrucken, sind genau die Dinge, die Jesus selbst bereits dekonstruiert hat. Und das Haus bröckelt immer noch unter unseren Augen.

Im Jahr 2021 veröffentlichte *Christianity Today* einen Podcast mit dem Titel *The Rise and Fall of Mars Hill*. Der Podcast beschreibt die Geschichte der Mars Hill Church und wie ihr Pastor, Mark Driscoll, zunächst zu ihrem explosiven Wachstum beigetragen und schließlich die Schwachstellen der Gemeinde aufgedeckt hat. Es ist ein Podcast darüber, wie Jesus immer noch in den Mauern der Kirche war, selbst als sie bröckelte. Wie Hauptamtliche und Gemeindemitglieder in den Trümmern Gottes Gnade entdeckten und wie sie jetzt Unternehmen und Gemeinden aufbauen, die den Jesus der Bibel wieder hereinlassen. *The Rise and Fall of Mars Hill* ist mehr als eine Geschichtsstunde, denn es lässt bewusst die Luft aus unseren Illusionen über die evangelikale Gemeindekultur. Der Podcast dekonstruiert die befestigte Burg christlicher Normen und fordert uns alle dazu heraus, Jesus den Baumeister seiner Kirche sein zu lassen. Mike Cosper, der Moderator des Podcasts, übt in einer Folge mit dem Titel »Who Killed Mars Hill?« eine recht aufschlussreiche Kritik. Ihr erinnert euch hoffentlich noch an Encanto: Bruno ist nicht dafür verantwortlich, dass das Haus zerfällt. Hören wir Mike:

Wenn das Haus Gottes den Menschen nicht das Herz Gottes offenbart, wird es zwangsläufig zusammenbrechen.

> *Wenn es immer wieder passiert, gibt es dann nicht etwas Umfassenderes, das man anschauen sollte? Zum Beispiel uns selbst. Wenn wir fragen, warum dies geschieht, sollten wir dann nicht fragen, warum* wir *es immer wieder tun? Warum scheinen* wir *charismatische Persönlichkeiten zu mögen, deren Gaben und deren Charakter nicht im Einklang miteinander stehen?*[40]

Im nächsten Kapitel werden wir uns ansehen, was Jesus im evangelikalen Christentum dekonstruiert. Anhand von Interviews, die ich für dieses Buch geführt habe, werden wir entdecken, dass es verschiedene Dinge gibt, die die Christen derzeit von dem abbringen, was Gott beabsichtigt hat.

Hier muss ich jedoch noch einmal betonen, dass Dekonstruktion nicht schlecht ist. Es ist etwas, das Jesus selbst praktizierte. Ebenso wie seine Jünger. Und die hebräischen Propheten. Auch die Märtyrer und die Heiligen in der Kirchengeschichte dekonstruierten. Wie wir sehen werden, ist das Überprüfen und Hinterfragen religiöser Traditionen und Lehren eine geistliche Übung Jesu, weil es sein Ziel ist, das Bild Gottes in den Herzen der Menschen zu rekonstruieren.

Dekonstruktion ist der Weg zur Reformation. Durch die gesamte Geschichte Gottes mit der Menschheit hindurch braucht jede Generation nachdenkliche Reformer. In ihrem Buch *The Great Emergence* beschreibt Phyllis Tickle, wie die Kirche alle fünfhundert Jahre »ihren Dachboden entrümpelt« und »einen riesigen Flohmarkt« veranstaltet, inspiriert von den Ideen des verstorbenen anglikanischen Bischofs Mark Dyer, der der Meinung war, dass wir uns jetzt in einer solchen Situation befinden.[41] Der Autor des Hebräerbriefs hat es so formuliert:

> *Verschließt nicht die Ohren vor diesen gnädigen Worten. Wenn diejenigen, die die irdischen Warnungen ignorierten, nicht ungeschoren davonkamen, was wird uns dann geschehen, wenn wir himmlische Warnungen nicht beherzigen? Seine Stimme hat damals die Erde in ihren Grundfesten erschüttert; dieses Mal – das hat er uns ganz klar gesagt – wird er auch die Himmel erschüttern: »Eine letzte Erschütterung, von oben bis unten, vom Bug bis zum Heck.« Die Formulierung*

»eine letzte Erschütterung« bedeutet einen gründlichen Hausputz, bei dem all der geschichtliche und religiöse Müll beseitigt wird, damit das unerschütterliche Wesentliche klar und unverstellt dasteht.

HEBRÄER 12,25-27 (MSG)

Die Art der »Erschütterung«, auf die sich der Hebräerbrief bezieht, ist die Art von Dekonstruktion, bei der Jesus und seine Nachfolger in der Autorität Jesu die Kirche und ihre Praktiken dafür kritisieren, dass sie die Verdorbenheit der Welt übernommen hat. Wenn Jesus Dinge hinterfragte, hatte das etwas Kühnes. Er konzentrierte sich immer darauf, wer die höchste Autorität hat und wie die Autoritätspersonen ihre Macht einsetzen. Seine Gleichnisse und Metaphern, seine Lehren und sein Leben provozierten diejenigen, die Autorität besaßen oder Macht ausübten.

Wie wir Macht (falsch) verstehen

Wenn Jesus die Personifizierung Gottes ist (und ich glaube, dass er das ist), dann zeigt sich in allem, was er gesagt und getan hat, wie die Dinge eigentlich sein sollen. Ich dachte immer, dass das Reich Gottes die genaue Umkehrung jedes weltlichen Reiches sei – die Welt auf den Kopf gestellt. Inzwischen glaube ich, dass das Reich Gottes durchaus auf den Füßen steht! Es ist die Welt, die Kopf steht. Das wird am deutlichsten, wenn man die Auffassung der Welt von Macht damit vergleicht, wie Jesus Macht versteht. Zur Zeit Jesu waren Menschen ohne Macht fasziniert davon, was er tat. Menschen mit Macht waren verärgert darüber, für wen er es tat. Und leider hat sich daran nicht viel geändert.

Ich lernte Stephanie[42] in Virginia kennen, als ich dort einen *Reach like Jesus Summit* veranstaltete. Das ist eine Mischung aus Workshop, Kurzvortrag und Seminar. Ziel dieses interaktiven Formats ist es, Christen zu helfen, ihre nicht christlichen Familienangehörigen und Freunde zu lieben, und zwar ohne den Hintergedanken, sie zu bekehren. Stephanie war eine der Ersten, die das Wort ergriff. Sie war in den Siebzigern und stützte sich auf einen Stock, wenn sie aufstand, um etwas zu sagen. Stephanie war der Meinung, dass jeder Grund, sich mit jemandem anzufreunden, außer dem, ihn zu bekehren, sinnlos sei. »Es geht um die Ewigkeit«, sagte sie.

»Wie heißen Sie?«, fragte ich sie.

»Stephanie. Ich heiße Stephanie, und ich dachte, Sie würden uns hier vermitteln, wie man evangelisiert.«

»Erzählen Sie mir von dem Menschen, den Sie gern zum Glauben führen möchten.« Diese Art von Schlagabtausch ist nicht immer fruchtbar, aber in diesem Fall ging es gut. Bleibt also dran.

»Es ist meine Tochter.« Ihre Stimmung wechselte sichtlich von Empörung zu Traurigkeit. »Meine Tochter lebt nicht so, wie ich es gern hätte, und ich habe versucht, es ihr zu sagen. Ich habe versucht, ihr klarzumachen, dass es Gott nicht gefällt, wie sie lebt. Früher haben wir uns gestritten, aber jetzt halte ich einfach den Mund.« Stephanie hält ihren Mund? Das müsste ich sehen, um es zu glauben!

Ich wartete eine Weile, bevor ich fragte: »Hatten Sie gehofft, einen neuen Weg zu finden, Ihre Tochter zu bekehren?«

»Ja.« Im Saal war es ganz still. Alle saßen, nur Stephanie nicht. Sie stand da und stützte sich mit der rechten Hand auf ihren Stock. Tränen liefen ihr über beide Wangen, und mit der linken versuchte sie, abzuwinken und mich zu stoppen.

»Okay, Stephanie. Wie wäre es, wenn Sie eine neue Art und Weise ausprobieren, für Ihre Tochter da zu sein? Ich weiß, dass

Sie sich Sorgen machen um das Heil Ihrer Tochter, aber dafür sind Sie nicht verantwortlich. Jesus nimmt Ihnen diese Last ab, indem er Sie nur bittet, sie wirklich zu lieben. Möchten Sie bleiben? Wir können uns dann an verschiedenen Punkten der Veranstaltung noch weiter unterhalten.«

Sie weinte zu heftig, um zu antworten, aber sie gab mir das Daumen-hoch-Zeichen, als sie sich setzte.

Im Laufe des Tages trafen wir uns noch ein paarmal. Ich erfuhr, dass sie Armeeveteranin war und eine echte Liebe zur Bibel hatte. Vielleicht ist Besessenheit ein besseres Wort. Stephanie hatte ein ziemlich vereinfachtes Verständnis der Bibel. Für sie war alles wörtlich so, wie es da stand, und in ihrer Weltsicht gab es nicht viel Spielraum für Geheimnisse, Paradoxien oder andere christliche Haltungen. Was Stephanie beim Militär über Macht gelernt hatte, hatte sie fast völlig blind gemacht für die Sanftmut Jesu. Da sie die Bibel als die ultimative Autorität ansah, war für sie jeder, der sie infrage stellte, entweder aufsässig oder schwachsinnig. In einer Pause kam sie wieder auf mich zu, und ich hatte endlich das Gefühl, dass wir weiterkamen.

»Ich habe früher im Nahen Osten gedient«, erzählte sie.

»Danke für …« Ich wurde wieder von ihrer linken Hand unterbrochen, mit der sie mir zu verstehen gab, ich solle schweigen. Das schien ihre Art von Kommunikation zu sein, wenn es um Dinge ging, die sie emotional verletzlich machten.

»Ein Zeit lang war ich beim Wachpersonal in einem Gefängnis, in dem größtenteils Muslime einsaßen. Wir haben sie schrecklich behandelt. *Ich* habe sie grausam behandelt. Als Wiedergutmachung für die Art und Weise, wie ich sie behandelt hatte, warf ich ihnen eine Bibel in die Zelle und sagte, sie müssten sie lesen.«

Wenn sie das zu Hause auch so gemacht hat, ist es kein Wunder, dass ihre Tochter sie überhaupt nicht leiden kann, dachte ich.

Stephanie fuhr mit ihrem Geständnis fort: »Die Muslime hatten viele Fragen zur Bibel, und ich hatte keine Ahnung, wie ich darauf antworten sollte. ›Lest sie einfach!‹, rief ich nur. Ich dachte mir, wenn wir sie schon töten müssen, dann kann ich wenigstens dafür sorgen, dass sie nicht in die Hölle kommen.« In diesem Moment wurde mir klar, dass Stephanies Vorstellung von Macht »in die Luft gejagt« werden musste. Ihr Gott war eine verurteilende, Muslime hassende, tyrannische Gottheit, die von ihr erwartete, immer mehr Bekehrungen vorzuweisen, sonst setzte es was. Deshalb konnte sie unmöglich Zeit damit verschwenden, sich mit Menschen anzufreunden und ihnen zu dienen. Sie war im Irrtum, aber ihr Verhalten ergab einen Sinn.

Die Bibel bedeutete Macht für sie. Rang war Macht. Die Mutter in einer Beziehung zu sein, bedeutete Macht. Macht diente dazu, den Menschen vorzuschreiben, wie und was sie zu denken hatten – und (offen gesagt) sie niemals selbst denken zu lassen. In Stephanies militaristischer Welt wurde Macht dazu benutzt, die Machtlosen zu kontrollieren. Eine Ansicht, die auch der Schriftsteller Joseph Conrad vertrat. »Das Denken ist der große Feind der Vollkommenheit«, schrieb er einmal. »Die Gewohnheit des tiefgründigen Nachdenkens ist, wie ich sagen muss, die verderblichste aller Gewohnheiten, die sich der zivilisierte Mensch angeeignet hat.«[43]

Wir können als Christen täglich in der Bibel lesen und unser Herz dennoch vor den Wegen des Reiches Gottes fest verschließen.

Stephanie und ich sprachen dann länger darüber, wie Jesus seine Macht eingesetzt hat. Wir sprachen über den folgenden Vers: »Was ihr für einen meiner geringsten Brüder und Schwestern getan habt, das habt ihr mir getan« (Matthäus 25,40). Ich erklärte, dass Jesus hier die Gefangenen im Blick hatte (25,39). Es ist erstaunlich, dass wir als Christen täglich in der Bibel lesen und unser Herz dennoch vor den Wegen des Reiches Gottes fest verschließen können. Deshalb müssen wir die Bibel immer durch die Brille des gekreuzigten Christus lesen, nicht durch die eines kriegerischen Gottes.

Am Ende der Veranstaltung stand Stephanie noch einmal auf. Wie war es beim letzten Mal gewesen, als sie das getan hatte? Die Wut der Hölle war nichts gegen Stephanies Verachtung!

Diesmal begann sie in einem anderen Tonfall: »Preston, ich habe wahrscheinlich nur noch zehn Jahre zu leben. Wenn es mehr werden, kann ich mich glücklich schätzen. Ich verspreche, dass ich diesen Rest meines Lebens der Versöhnung mit meiner Tochter widmen werde. Ich habe eine Menge Arbeit vor mir, aber ich muss alles tun, um ihr zu dienen, denn das würde Jesus auch tun!«

Wundert es euch, wenn ich manchmal denke: Es kann eindrucksvoller sein, wenn ein Christ beschließt, Jesus zu folgen, als wenn ein Nichtchrist seine Sünden bekennt?

Alle standen auf und klatschten Beifall für die achtundsiebzigjährige Stephanie. Mit »alle« meine ich, dass außerdem im Himmel wahrscheinlich Champagnerkorken geknallt sind. Es ist kein kleines Wunder, wenn ein Mensch, der früher die Bibel benutzt hat, um andere zum Schweigen zu bringen, jetzt zulässt, dass die Bibel ihn oder sie selbst zum Schweigen bringt. »Der Größte unter euch muss den anderen dienen« (Matthäus 23,11). Stephanie war endlich auf dem Weg dahin, eine Große zu werden.

Wie Jesus Macht versteht und ausübt

In meinen Interviews ist Stephanies Geschichte immer wieder in verschiedenen Versionen aufgetaucht. Ein kurzer Blick in die Geschichte zeigt uns, dass Stephanie als Archetyp dienen kann. Die Ausübung und der Missbrauch von Macht ist bei Weitem der häufigste Grund, warum Menschen sich vom Glauben abwenden.[44] Können wir es Menschen vorwerfen, dass sie sich von der Religion abwenden, wenn diese so sehr mit Gier, Unterdrückung, Manipulation und Kontrolle verflochten ist?

Der Autor Philip Yancey stellt klar heraus: »Wenn ich die Geschichten von Jesu Geburt lese, komme ich um diese Schlussfolgerung nicht herum: Die Welt mag sich um die Reichen und Mächtigen drehen, aber Gottes Interesse gilt den Benachteiligten.«[45] Auch in Teilen des evangelikalen Christentums findet sich immer wieder Autoritarismus. Damit meine ich, dass jemand mit einer gewissen Machtposition seine Macht in einer Weise ausübt, die seine Ziele oder Auslegung der Bibel unterstützt. Das ist noch milde ausgedrückt. Die eigentliche Definition von Autoritarismus lautet: »Bevorzugung des vollständigen Gehorsams oder der Unterwerfung unter eine Autorität im Gegensatz zur individuellen Freiheit«.[46] Wo immer Autoritarismus am Werk ist, wird sich Dekonstruktion finden. Wenn ein Mensch die Bibel in eigennütziger Weise auslegt, unterdrückt er dadurch andere immer insofern, als er sie dazu bringt, ihm zu dienen. Leider ist dies in allen Ausdrucksformen der Religion zu beobachten. Protestanten haben die katholische Kirche oft dafür kritisiert, dass sie einen Papst als oberste Autorität hat. Aber manche Evangelikalen haben in der Regel einen Papst für jede Gemeinde – den Pastor.

Wenn wir uns die Dinge anschauen, die Jesus infrage stellte, sehen wir, dass es sehr oft darum ging, wer die Autorität hat und wie diese Autorität eingesetzt wird – vom »Ihr habt gehört, dass es im Gesetz heißt … ich aber sage« (Matthäus 5) bis zu der Begegnung Jesu mit der Frau, die des Ehebruchs überführt wurde (Johannes 7,53–8,11). Jesus ist der Einzige, der richtig mit Macht umgehen kann. Er setzt seine Macht immer ein, um zu dienen, nicht, um sich dienen zu lassen. Er verströmt seine Macht freigiebig, wenn jemand einfach nur sein Gewand berührt. Seine Macht verbirgt sich, wenn er seinen Jüngern die Füße wäscht. Seine Macht wird unterschätzt, wenn er auf einem Esel in Jerusalem einreitet. Die einfachen Menschen fühlen sich von seiner Heilkraft angezogen und sind verblüfft über seinen heftigen Widerstand dagegen, diese Macht über jemanden auszuüben. Jesus lässt sich von den Mächtigen nicht einschüchtern, sondern setzt sich für die Machtlosen ein. Er weist seine Jünger zurecht, weil sie nach mehr Macht streben. Die Autorität Jesu wird nie dazu benutzt, andere dazu zu bringen, ihm zu dienen. Er nutzt sie immer, um Raum für die zu schaffen, die es nötig haben, dass man ihnen dient.

Nun könnte jemand auf einen Vorfall im Leben Jesu verweisen, an dem er doch Macht gegen andere ausgeübt hat. Nämlich indem er die Händler aus dem Tempel vertrieb und die Tische umwarf. Das ist meines Wissens das einzige Mal, dass Jesus tatsächlich zornig wird und Gewalt ausübt. Aber er übt seine Macht im Namen derer aus, die keine Macht haben, und er wendet sie gegen die, die Macht besitzen. Außerdem müssen wir zugeben, dass *eine* Geschichte über Jesus, der Tische umwirft, nicht die zahllosen Geschichten rechtfertigt, in denen wir anderen einen Platz an unserem Tisch verweigern. Ich bin sicher, dass wir an Tischen sitzen, die Jesus umgestoßen hätte, und dass wir Tische umstoßen, an denen er gesessen hätte.

Das ist das Faszinierende an der Dekonstruktionsbewegung. Die gesamte Denkweise eines Dekonstruierenden besteht darin, zu hinterfragen, wer die Autorität hat und wie er oder sie sie einsetzt.

Die gesamte Denkweise eines Dekonstruierenden besteht darin, zu hinterfragen, wer die Autorität hat und wie er oder sie sie einsetzt.

Wie jesusmäßig!

Oder wie brunomäßig.

Im Film *Encanto* gibt es eine Stelle, an der wir Bruno in den Mauern des Hauses an einem Tisch sitzen sehen. Einem Tisch, der gewissermaßen den Esstisch fortsetzt, an dem seine Familie alle ihre Mahlzeiten einnimmt, nur dass sein Tisch zwischen Ratten und Staub steht – angrenzend an die Wand und so an den Familienesstisch. Keiner weiß von dem Tisch, an dem Bruno jeden Abend sitzt. Und doch deckt er ihn jeden Abend. Während die Familie ohne ihn isst, ist er die ganze Zeit dabei. Er sehnt sich nach einem Platz an ihrem Tisch, weiß aber, dass seine Stimme nicht willkommen wäre. Sie würde ihren Alltag zu sehr stören und ihr Ansehen zu sehr beschädigen. Die Familie vermeidet es nicht nur, über Bruno zu sprechen, sie lassen ihn auch nicht mehr selbst zu Wort kommen.

Für mich hat sich in letzter Zeit der Abendmahlstisch oft so angefühlt. Es ist *die* besondere Handlung, die wir zum Gedenken an Jesus vollziehen sollen. Auf geheimnisvolle Weise ist Jesus hier durch Brot und Wein gegenwärtig. Er ist bei uns. Ganz präsent. Aber leider sind wir nicht immer in seiner Gegenwart. Es sind bloß ein paar Minuten im Ablauf eines Sonntagsprogramms.

Wir erinnern uns an ihn, ohne ihn selbst mit am Tisch sitzen zu lassen. Und die Mauern des Hauses bekommen Risse.

5

WWJD? (WAS WÜRDE JESUS DEKONSTRUIEREN?)

Etwas Totes kann mit dem Strom schwimmen,
aber nur etwas Lebendiges kann gegen ihn schwimmen.
G. K. CHESTERTON, THE EVERLASTING MAN

Ich will nicht in den Himmel kommen, ohne dass die Hölle los ist.
KESHA, RAISING HELL

Meine Ausbildung und meine Erfahrung haben mich dahin gebracht, bewusst den Kontakt zu Skeptikern, Zweiflern und spirituell Verwundeten zu suchen. Dort Raum zu schaffen, wo geistliche Klaustrophobie den Dekonstruierenden von der Kirche fernhält. Manchmal führt mich das in ein Café oder eine Bar oder dahin, ein Treffen des Doubters' Club zu leiten. Ein anderes Mal führt es mich auf den Campus einer Universität. Ich habe schon einige sehr feindselige Settings erlebt, in denen ich den Glauben verteidigt habe. Aber es gibt ein Thema, bei dem sich immer alle Anwesenden einig sind: Konservative und progressive Geister scheinen gleichermaßen neugierig auf Jesus als Person zu sein. Und Neugier ziehe ich jeder Verschwörung gegen mich und jedem Schulterklopfen vor.

So war es auch, als ich die Universität von North Carolina besuchte. Ich war für einen Workshop eingeflogen, in dem es darum ging, wie man einen Klub für Zweifler gründet. Man hatte mich zu einem Vortrag bei einem Campustreffen der Studentenarbeit eingeladen. »Sprich, worüber du willst«, sagte man mir. »Und kannst du auch eine Fragerunde anschließen?«

»An welche Art Fragen denkt ihr?«, wollte ich wissen.

»Na, das Übliche … die Studenten können alles fragen, und du gibst ihnen die Antworten.«

Ich musste lachen. Ich glaube, die Leute wissen nicht, dass ich selbst mehr Fragen zum christlichen Glauben habe als die meisten Kritiker. Fragen sind mir unendlich wichtig. Meine Gebete enden öfter mit Fragezeichen als mit einem Punkt. Meine Fragen sind wie der Abspann am Ende eines Films – sie nehmen kein Ende, kommen von überall her und sind schwer in Worte zu fassen.

Ich habe selbst mehr Fragen zum christlichen Glauben als die meisten Kritiker.

»Okay. Ihr wisst aber schon, dass ich nicht alle Antworten habe, oder?« Ich achte gern darauf, unrealistische Erwartungen rasch zu korrigieren.

Spulen wir vor zur Veranstaltung. Mein Vortrag war vorbei, wir schlossen mit einem Gebet, und dann sprach ich kurz darüber, dass Fragen der Königsweg zur Erkenntnis sind. Und wer würde sich nach einer solchen Veranstaltung nicht gern reicher an Erkenntnis fühlen, als er es vorher war?

»Also«, sagte ich in den Saal hinein. »Machen wir uns gemeinsam daran, mit Gott zu ringen. Wer hat eine Frage?«

Sollten wir jemals zusammen auf dem Campus der Universität von North Carolina sein, kann ich euch genau den Platz zeigen, auf dem Bryce saß. Von mir aus gesehen saß er hinten rechts, letzte Reihe, dritter Platz von links. »Hallo Preston. Ich bin Bryce[47], und ich bin Atheist. Ich habe einen Flyer für die Veranstaltung heute Abend gesehen. Ich bin zum ersten Mal bei so was.«

»Schön, dass du gekommen bist, Bryce. Ich bin sicher, du hast eine Menge Fragen. Was davon ist für dich am dringendsten? Welche Frage würdest du gerne loswerden?« Während ich sprach, stand Bryce auf. Er schob seine umgedrehte Baseballkappe zurecht, zückte einen Notizblock und setzte zum Reden an.

»Ich habe eine ganze Menge Fragen«, sagte er. »Fangen wir mit dieser an: Wie kannst du glauben, dass Religion überhaupt hilfreich ist, wenn im Namen Gottes so viel Schlimmes getan wurde?«

Bryce zählte einige Schandflecken unserer Vergangenheit auf. Ehrlich gesagt glaube ich, dass es viel schlimmer ist, als er dachte. Das sagte ich ihm dann auch.

»Danke, dass du es angesprochen hast. Aber ich glaube, das Problem ist tief greifender, als du denkst.«

Das Publikum schaute mich jetzt an, als wäre ich verrückt. Wie schon gesagt, habe ich vermutlich mehr Fragen als die meisten Menschen. Vielleicht ist das der Grund, warum ich regelmäßig Beziehungen zu Skeptikern suche und pflege.

Ich zählte einige der Entstellungen auf, die der Leib Christi im Lauf der Zeit erfahren hat. Von Morden im Alten Testament über die Kreuzzüge bis zur Ideologie der weißen Vorherrschaft. »Alles unter Berufung auf das Wort Gottes«, sagte ich.

»Genau!«, rief Bryce. Und dann kam sofort: »Moment mal. Warum bist du dann Christ?«

Diese Frage ist mein Lieblingsstichwort, um darüber zu sprechen, dass Jesus im Zentrum des Glaubens steht. Aber so weit waren wir noch nicht. Wir mussten erst noch eine Schicht tiefer graben.

»Bevor ich diese Frage beantworte, Bryce, möchte ich dich etwas fragen. Warum hast du diese Frage allgemein gestellt? Warum mit Blick auf Ungerechtigkeiten, die in der Vergangenheit geschehen sind? Ich vermute, du hast selbst Erfahrungen damit gemacht, wie Leute, die sich Nachfolger Jesu nennen, dich behandelt haben.«

»Ja, das stimmt«, sagte er. »Zum einen kann ich die Vorliebe der Evangelikalen für rechte Politik nicht nachvollziehen. Und man hat mir gesagt, dass ich in die Hölle komme, weil ich schwul bin. Verdammt! Aus der Kirche kommt mehr Hass als direkt aus der Hölle.«

Lies den letzten Satz bitte noch einmal.

Und noch einmal.

Gut, dann können wir jetzt über Jesus sprechen.

Vor dem versammelten Publikum sprachen Bryce und ich über Jesus. Über die Liebe Gottes, die in Jesus Gestalt gewinnt. Darüber, wie Jesus falsche Ansichten über Gott entlarvte und der Welt Hoffnung gab. Bevor ich mich dem nächsten Studenten mit seinen Fragen zuwandte, sagte ich zu Bryce: »Ich glaube, die Kirche betrachtet sich selbst gerade im Spiegel, und wir stellen dabei fest, dass wir nicht aussehen wie der Mann, dem wir zu folgen behaupten. Ich hoffe, du denkst darüber nach, Jesus aufgrund des Lebens zu folgen, das er gelebt hat, und nicht aufgrund des Bildes, das seine Anhänger abgeben.« Falls Bryce sich entscheidet, Jesus zu folgen, wird ihn das direkt in die Dekonstruktion führen. Einen Ort, an dem sich Jesus sehr gern aufhält.

Egal, für welche Weltanschauung sich ein Mensch entscheidet, er hat immer etwas zur Person Jesu zu sagen.

Egal, für welche Weltanschauung sich ein Mensch entscheidet, er hat immer etwas zur Person Jesu zu sagen. Das fasziniert mich: wie sehr dieser Mann uns alle anzieht und für sich gewinnt. Sein Leben war nicht sehr spektakulär. Jesus war nicht die eindrucksvollste Figur in der Geschichte, aber er war die wirkungsvollste. Eine Gestalt, der man nicht ausweichen kann und zu der jeder denkende Mensch sich positionieren muss. Über Jesus sind zahllose Bücher geschrieben worden, und es werden noch unzählige weitere veröffentlicht werden. Der Evangelist Johannes meinte es durchaus ernst, als er schrieb: »Es gibt noch vieles andere, was Jesus getan hat. Wenn man dies alles aufschreiben würde, glaube ich, könnte die ganze Welt die Bücher nicht fassen, die man dann schreiben müsste« (Johannes 21,25). Wir werden wohl nie aufhören, etwas über das Leben und Wirken Jesu zu sagen zu haben! Sogar der bekannte Atheist und Autor Bart Ehrman sagt, er kenne keinen Altertumswissenschaftler, der nicht glaubt, dass Jesus eine historische Figur war, die es wert ist, erforscht zu werden.[48]

Jesus hebt sich nicht nur in der Geschichte ab, sondern auch in der Gegenwart. Jesus im einundzwanzigsten Jahrhundert zu folgen bedeutet, ihm außerhalb bestimmter evangelikaler Normen zu folgen. Es bedeutet, diese Tempel des Götzendienstes abzubauen und andere zu ermutigen, dasselbe zu tun.

Was wir dekonstruieren sollten

In den Interviews und Recherchen, die ich für dieses Buch geführt habe, kamen viele verschiedene evangelikale Normen als Themen zur Sprache, die Christen heute dekonstruieren. Einige der großen Themen waren Politik, Purity Culture, eine »platte«, wenig differenzierte Lesart der Bibel, die Behandlung und Ausgrenzung der LGBTQ+-Gemeinschaft, die Lehre von der Hölle und Scheinheiligkeit. Alle diese Themen waren mit persönlichen Geschichten verknüpft. Die Einwände der Menschen gegen den christlichen Glauben sind nie rein intellektuell. Ihre Zweifel und ihr Unglaube sind vielmehr Samen, die in den Boden ihres Herzens gepflanzt werden, einen Ort, an dem man sich an Geschichten erinnert.

Ich werde in diesem Buch nicht auf jedes Thema eingehen, und zu vielen Themen, die aktuell dekonstruiert werden, äußere ich mich bewusst nicht. Zum einen geht es in diesem Buch um den Wert der Dekonstruktion des Glaubens an sich und nicht darum, was genau man glauben sollte. Zum anderen möchte ich keine Leser verlieren oder ihre jeweils bevorzugte Lesart der Bibel verstärken.

In keinem dieser Fälle halte ich die Stellung für den Skeptiker in deinem Leben. Ich habe mich damit abgefunden, dass ich für die Konservativen zu liberal bin und für die Liberalen zu konservativ.

Es geht in diesem Buch um den Wert der Dekonstruktion des Glaubens an sich und nicht darum, was genau man glauben sollte.

Ich möchte jedoch zwei Bereiche ansprechen, von denen ich glaube, dass Jesus hier »den Berg in die Luft jagt«, da sie sich in den letzten Jahren als massive Stolpersteine für Christen erwiesen haben. Diese beiden Themen sind die Politik und die Purity Culture. Ich werde sie als Beispiele dafür anführen, wie unsere christliche Kultur manchmal den Sinn des christlichen Glaubens verfehlt und warum die Menschen danach fragen, wie ein besserer Weg in die Zukunft aussieht.

Unsere Haltung zur Politik und zu Donald Trump

Es gibt drei Hauptpositionen, wenn es darum geht, wie Christen sich historisch zur Politik verhalten haben.[49] Erstens: Manche Christen glauben, es sei ihre Aufgabe, die Kultur zu durchdringen und zu verändern, indem sie sich in der Politik engagieren oder politische Macht erlangen. Gemäß dieser Sichtweise sehen Christen es als ihre Pflicht an, die Autorität Jesu auf der Erde auszuüben, indem entsprechende Regeln und Gesetze verabschiedet werden. Dass Gottes Wille »wie im Himmel, so auf Erden« geschieht, wird dadurch erreicht, dass gerechte Gesetze durchgesetzt werden, die Gott und die Bibel widerspiegeln (Matthäus 6,10). Die Lobbyarbeit für Kandidaten und die politische Agenda orientiert sich daran, wer Gottes Gesetz durch menschliche Gesetze am besten umsetzen wird.

Zweitens: Andere Christen betrachten ihre Rolle in der Politik durch die Brille der Trennung zwischen dem Reich Gottes und den Reichen der Welt. Sie sehen die Trennung von Kirche und Staat als eine klare Linie, die Gott gezogen hat, wobei jeder Bereich eigene Ziele hat. Nach dieser Auffassung »besteht der Zweck der weltlichen Regierung darin, die Sünde in Schach zu halten und mit staatlicher Gewalt über Sünder zu herrschen. Der Zweck der Kirche ist es, Sünder in Heilige zu verwandeln, die es nicht nötig haben, vom Gesetz regiert zu werden.«[50] Diese Ansicht lässt am meisten Raum für überkonfessionelles Denken in Bezug darauf, ob man als Christ politisch aktiv werden sollte oder nicht. Ob du es glaubst oder nicht, es gab einmal eine Zeit, in der Christen in der Frage nach ihrer politischen Überzeugung unterschiedlicher Meinung sein durften.

Die dritte Gruppe vertritt die Auffassung, dass sich Christen so weit wie möglich von politischem Engagement distanzieren sollten. Die Überzeugungen dieser Gruppe stehen der der ersten diametral entgegen und basieren auf einer »Himmelsbürger«-Mentalität. Ihre Ansicht wird in einem Artikel der ReKnew-Bewegung wie folgt erläutert:

> *Christen sind aufgerufen, allein dem Reich Christi treu zu sein und sich als Bürger und Botschafter des Reiches Gottes zu verstehen, während sie in einem »fremden« Land leben (Philipper 3,20). Die gegenwärtige Welt, einschließlich ihrer politischen Systeme, steht unter der Herrschaft Satans. Deshalb ist der Versuch, sie dem Willen Gottes anzupassen, vergeblich und sogar gefährlich. Die Kraft des Evangeliums besteht darin, eine alternative Lebensweise anzubieten, nicht darin, den politischen Prozess zu beeinflussen.*[51]

Während der beiden Präsidentschaftskandidaturen von Donald Trump (vor allem während seiner zweiten) bildete sich eine vierte Gruppe heraus, die militaristischer ist als die erste und fundamentalistischer als die jeweiligen Pole des politischen Spektrums. Diese vierte Gruppe gibt es schon seit den 1950er-Jahren, allerdings bisher immer unter dem Deckmantel einer der drei anderen Gruppierungen. Als sie dann an die Öffentlichkeit trat, wurde ironischerweise Trump zum Aushängeschild dieser Gruppe, die oft als die evangelikale Rechte bezeichnet wird.

Die evangelikale Rechte hat den Ehepartner gewechselt. Man hat eine Identität als Braut Christi gegen die Identität einer Braut Trumps eingetauscht. Und die evangelikale Rechte hat die Neigung ihres Ehepartners zu missbräuchlichem Verhalten mit Äußerungen verteidigt, die nahelegen, dass »alles, was getan wird, ein Mittel zum Zweck ist«. Trumps Charakter, seine Unverfrorenheit, sein Sexismus, sein Rassismus und sein klares »Wir-gegen-den-Rest-der-Welt«-Weltbild sind nur ein Mittel zum Zweck. Was ist dieser Zweck?

Ich und mein Land.

In dieser Reihenfolge.

Das ist das genaue Gegenteil der christlichen Weltanschauung.

Christen sehen andere zuerst, und wir leben für ein anderes Land.

Sein Herz schlägt wahrhaftig für das amerikanische Volk, hat sich die evangelikale Rechte gesagt. Allerdings ohne zu bemerken, dass das Wohl des amerikanischen Volkes mit allen notwendigen Mitteln in den Vordergrund zu stellen ein gewaltsamer Angriff auf das Himmelreich ist, in dem alle Nationen, Stämme und Zungen Gott anbeten (Offenbarung 7,9). Sogar die Formulierung »amerikanisches Volk« ist wahnhaft. Amerika ist eine vielfältige und eine geteilte Nation. Welchen amerikanischen Bürger hat Trump zur

Priorität seiner Politik gemacht? Sicherlich nicht den, der in Armut lebt, oder den, der Amerika zu seiner neuen Heimat machen will. Trumps erster Wahlkampf basierte auf dem Versprechen niedrigerer Steuern für die Reichen und höherer Mauern für die Einwanderer. Erinnert ihr euch noch an seine erste Kampagne? »Make America Great Again«, hat er propagiert.

Amerika hat eine schockierend überhebliche Vergangenheit. Als Trump »again« sagte, auf welche Vergangenheit bezog er sich da? Auf die Völker mordende Gründungsepoche unseres Landes oder die intolerante, rassistische Vergangenheit der Verfechter der Rassentrennung? Selbst irgendwo dazwischen zu landen, wäre in jeder Hinsicht enttäuschend. Die evangelikale Rechte hat diese Worte nicht so interpretiert, wie ich es tue, während ich sie schreibe. Sie deuteten Trumps Kampagne und seine ganze arrogante Redeweise als Versprechen, ihre Rechte und ihr Land zu schützen. Ja, du liest das richtig.

Ich und mein Land – das ist das genaue Gegenteil der christlichen Weltanschauung. Christen sehen andere zuerst, und wir leben für ein anderes Land.

Es sind Christen, die ihr Wahlrecht auf der Grundlage *ihrer* Rechte und *ihres* Landes ausüben.

Die evangelikale Rechte war eine große Wählerbasis für Trump, und er wusste das. Trump war klar, dass er diese Gruppe von Menschen ansprechen musste, um die Waage zu seinen Gunsten ausschlagen zu lassen. Tatsächlich war es Jerry Falwell Jr., der ehemalige Präsident der Liberty University, der maßgeblich zu Trumps Erfolg bei dieser vierten Gruppe beitrug. Die Zeitung *Politico* berichtet, dass Falwell sich in der Vergangenheit geweigert hatte, öffentlich einen politischen Kandidaten zu unterstützen, weil er befürchtete, dass die Liberty University ihren Status als gemeinnützige Organisation verlieren könnte.[52] Seine Unterstützung könnte leicht mit der

der Universität verknüpft werden, und das würde die Organisation in eine kompromittierende Lage bringen. Anscheinend verblassten diese Bedenken bei Falwell, sodass er Donald Trump 2016 öffentlich unterstützte.[53] Falwell nannte Trump »eine erfolgreiche Führungspersönlichkeit und einen erfolgreichen Unternehmer, einen wunderbaren Vater und einen Mann, von dem ich glaube, dass er unser Land wieder zu Größe führen kann«[54]. Eine Unterstützung wie diese diente als grünes Licht für andere prominente evangelikale Leiter, dem Beispiel zu folgen. Und in einer hierarchischen Struktur, in der der Pastor als Mann Gottes fungiert, wird das, was der Pastor sagt, oft als Wort Gottes angesehen. Als Falwell also »Millionen von Geldern der gemeinnützigen religiösen Institution in republikanische Anliegen und Bemühungen, die Trump-Administration zu unterstützen, pumpte«[55], verwischte er die Grenzen gerade so weit, dass die Mitglieder der evangelikalen Rechten das Gefühl hatten, es sei ihre christliche Pflicht, für Trump zu stimmen. Wer die Liberty University und die Skandale um die Falwells verfolgt hat, wird sich daran erinnern, dass Jerry Falwell im August 2021 zurückgetreten ist. Vorwürfe der Vertuschung, der Heuchelei, des Missbrauchs von Geldern und des sexuellen Fehlverhaltens kamen ans Licht, aber der Schaden war bereits angerichtet. Die Evangelikalen wussten um Trumps Charakter, aber es war ihnen egal. »Wir wählen ja keinen Pastor«, hieß es dann. »Wir wählen einen Präsidenten.«

Ich sprach mit Sam, einem Christen, der gerade dabei ist, schwierige Kapitel seiner christlichen Geschichte zu verarbeiten, über die Ära Trump. »Sie dachten, sie würden einen Präsidenten wählen«, sagte er. »In Wirklichkeit wählten sie einen Retter. Einen, der die Bibel benutzen würde, um alle, die nicht so waren wie sie selbst, weiter zu unterdrücken.«

Viele frühere Evangelikale haben denselben Eindruck wie Sam. Heute nennen sie sich selbst *Exvangelicals* – Exvangelikale. Tatsächlich stammt der Begriff »exvangelikal« von einem Dekonstruierenden, der erkannte, wie die Politik das Christentum im Westen moralisch verdarb. Der Religionswissenschaftler Bradley Onishi erklärt:

Blake Chastain rief 2016 den Hashtag #exvangelical ins Leben. Chastain wuchs in einer streng konservativen evangelikalen Gemeinde auf und fühlte sich während seiner Highschool-Zeit zum hauptamtlichen Dienst berufen. Während seines ersten Studienjahres an der Indiana Wesleyan University im Jahr 2001 begannen sich seine religiösen und politischen Ansichten zu ändern. Ein Teil seiner Zweifel entstand als Reaktion auf die Invasion des Irak und die Art und Weise, wie Evangelikale die militaristische Politik von George W. Bush unterstützten. Nach einer längeren Phase des Zweifelns verließ Chastain die evangelikale Bewegung. Er besucht jetzt eine Episkopalkirche, nennt sich selbst allerdings »bis zu einem gewissen Grad einen Agnostiker«.[56]

Im Oktober 312 n. Chr. betete Kaiser Konstantin, während er sich darauf vorbereitete, sein Heer in die Schlacht von Milvian zu führen. Als er zum Himmel blickte, sah er ein Kreuz mit der Inschrift »Siege in diesem Zeichen«.[57] Seitdem ist das Christentum unweigerlich mit der Politik verquickt. Wir haben die Gebote Jesu in ihr Gegenteil verkehrt. Wir geben nicht mehr Gott, was Gott gehört, und dem Kaiser, was dem Kaiser gehört (Matthäus 22,21). Stattdessen geben wir Gott, was dem Cäsar gehört, und dem Cäsar, was nur Gott gehört. Wir zahlen Gott das Nötigste, um das Recht zu haben, uns auf seiner Seite zu wähnen, während wir unsere eigentliche Gefolgschaft dem Präsidenten erweisen.

Jesus würde nicht nur die Ideologien und Praktiken der evangelikalen Rechten dekonstruieren. Vielmehr war die Herrschaft von Menschen übereinander nie etwas, das Gott je etablieren wollte. Und was politische Parteien jeglicher Couleur angeht: Es ist verwerflich und verwirrend, die Worte Jesu zu nutzen, um politische Macht und Bestätigung zu erlangen. Im 1. Samuel wird berichtet, wie die Herrschaft von Menschen über Menschen begann, und das war nie der Idealzustand, wie Gott ihn im Sinn gehabt hatte.

Die Herrschaft von Menschen übereinander war nie etwas, das Gott je etablieren wollte.

Die Israeliten baten Samuel um einen König. Samuel war alt geworden, und sie befürchteten, dass seine Autorität und sein Einfluss auf seine Söhne Joel und Abija übergehen würden. Das Problem dabei war: Seine Söhne »suchten nur ihren Vorteil. Sie ließen sich bestechen und beugten das Recht« (1. Samuel 8,3). Erkennst du die Ironie der Geschichte, wenn du die Ursprungssituation des Verlangens nach einem politischen Führer im Volk Gottes mit der Situation vergleichst, in der wir uns heute befinden?

> *Samuel war sehr ärgerlich über ihre Bitte, ihnen einen König zu geben, um über sie Recht zu sprechen und fragte den Herrn um Rat. »Hör auf die Stimme des Volkes, auf alles, was sie sagen«, antwortete der Herr, »denn nicht dich weisen sie zurück, sondern mich. Sie wollen mich nicht länger als König. Sie tun, was sie immer getan haben, seit ich sie aus Ägypten hierher gebracht habe. Denn sie haben mich immer wieder vergessen und sind anderen Göttern nachgelaufen. Und jetzt tun sie dir dasselbe an. Erfüll ihre Bitte, aber warne sie deutlich davor, wie ein König über sie herrschen wird.«*
>
> 1. SAMUEL 8,6-9

»Wir sehen, dass die Menschen nur deshalb menschliche Herrscher wollen, *weil sie nicht mehr darauf vertrauen, dass Gott regiert*«, erklärt Greg Boyd, was »darauf hindeutet, dass die bloße Existenz von Regierungen ein Beweis für menschliche Rebellion ist«.[58] Im zweiten Teil dieses Buches werden wir uns damit befassen, wie man am besten vorankommt, wenn Teile des Christentums (nämlich der Evangelikalismus) ganz klar dekonstruiert werden müssen. Zunächst ist es wichtig, die tiefe Überzeugung zu entwickeln, dass Menschen niemals in der Lage sein werden, über andere zu herrschen, ohne der Korruption, der Manipulation und der persönlichen Gewinnsucht zum Opfer zu fallen. Ja, es stimmt, dass Paulus uns im Römerbrief sagt, dass alle Autorität von Gott eingesetzt ist und dem Zweck dient, Ordnung aufrechtzuerhalten (Römer 13,1). Aber nie werden wir aufgefordert, dieser Autorität blindlings zu vertrauen oder anderen zu raten, das zu tun. Letzten Endes *stehen alle menschlichen Macht ausübenden Regierungsstrukturen im Gegensatz zu der christusähnlichen Haltung, die die Welt tatsächlich verändern wird.*

> *Jesus rief sie zu sich und sagte: »Ihr wisst, dass in dieser Welt die Könige Tyrannen sind und die Herrschenden die Menschen oft ungerecht behandeln. Bei euch soll es anders sein. Wer euch anführen will, soll euch dienen, und wer unter euch der Erste sein will, soll euer Sklave werden. Der Menschensohn ist nicht gekommen, um sich bedienen zu lassen, sondern um anderen zu dienen und sein Leben als Lösegeld für viele hinzugeben.«*
> MATTHÄUS 20,25-28

Ich stamme aus New Mexiko und erinnere mich an die Zeit, als Evangelikale dafür kämpften, vor dem Gerichtsgebäude von Bloomfield eine Tafel mit den Zehn Geboten aufstellen zu dürfen.[59] Wir hätten nicht für die Zehn Gebote kämpfen sollen. Wir hätten für die Bergpredigt kämpfen sollen. Das hätte Jesus getan.

Purity Culture

»Wenn du willst, dass ein Mann dein Herz anspricht, zeige ihm nicht deine Reize.«

Diese Aussage habe ich in Jugendgruppen und auf Jugendfreizeiten unzählige Male gehört. Schlimmer noch, ich habe diesen Satz etliche Male selbst Jugendlichen oder Jugendgruppen gesagt. Ich werde diese Worte nie wieder sagen, und ich werde tun, was ich kann, um meine beiden Töchter in einer Gemeinde aufwachsen zu lassen, die verstanden hat, welchen Schaden diese Art von Purity Culture anrichtet. Bei jeder meiner Gesprächspartnerinnen, die dabei sind, ihren christlichen Glauben zu dekonstruieren – oder zu rekonstruieren –, kam die Purity Culture zur Sprache – in 100 Prozent der Fälle.

Zum Beispiel bei Anna.

Anna wuchs in einer evangelikalen Familie auf. Als Tochter eines Pastors versuchte Anna immer, sich vorbildlich zu verhalten. Inzwischen ist sie aus der ländlich gelegenen Stadt, in der sie aufgewachsen ist, weggezogen. Wenn sie ihre Familie besucht, muss sie intensiv mit ihrer Therapeutin im Gespräch sein und sich ihrer berechtigten Grenzen neu bewusst werden. Anna hält nicht mehr viel von Gemeindekultur, wie sie sie kennengelernt hat, aber sie hat immer noch Interesse an Jesus. Sie verdient ihr Geld als Friseurin und nutzt Gespräche mit ihren Kundinnen als Therapie.

»Für mich ist das heilsam, verstehst du?«, sagte sie mir. »Ich spreche gerne mit Menschen über ihre Erfahrungen und darüber, wie sie aufgewachsen sind. Hier im Mittleren Westen geht es fast immer um Religion. Religion ist die Quelle von so viel Schmerz. Die meisten meiner Kundinnen haben einen religiösen Hintergrund.«

Anna versuchte gerade, ihren Burrito aus dem Café nebenan zu essen. Ein Interview in der Mittagspause zu führen, ist nicht einfach. »Ich weiß, dass du auch einen religiösen Hintergrund hast, Anna. Erzähl mir davon, wo du jetzt geistlich gesehen stehst und wie du dahin gekommen bist.«

Sie schluckte ihren Bissen hinunter und antwortete dann: »Du weißt ja, dass ich die Tochter eines Predigers bin. Meine Familie wusste, dass ich anders bin, aber sie haben immer versucht, mich in bestimmte Kategorien zu stecken, die ihren guten Ruf garantieren würden. Sogar mir zu erlauben, mich anderen gegenüber als ›Wildfang‹ oder als ›jungenhaft‹ zu bezeichnen, war für sie eine Zumutung.«

»Was war für dich der Tropfen, der das Fass zum Überlaufen brachte?«, fragte ich.

»Sagt dir der Begriff Purity Culture etwas?«, fragte sie. Ich hob nur die Augenbrauen, um zu zeigen, dass ich zuhörte. »Sie begann in den Neunzigerjahren, als die Kirchen anfingen, die Notwendigkeit der sexuellen Abstinenz um jeden Preis zu betonen. Wir [evangelikalen Jugendlichen] bekamen Purity-Ringe, gingen zu Purity-Konferenzen und wurden aufgefordert, wöchentlich für unsere schlechten Gedanken Buße zu tun. Das gehörte auch immer zum Aufruf zur Bekehrung dazu. Ich musste mich immer auf eine bestimmte Weise kleiden. Ich durfte nie etwas tragen, das einen Jungen in Versuchung führen könnte. Als ob es *meine* Schuld gewesen wäre, wenn sie sich nicht beherrschen konnten. In allen Vorträgen über Reinheit, die ich gehört habe, war die Botschaft immer dieselbe: ›Mein Körper wird andere zur Sünde verleiten, wenn ich mich nicht richtig verhalte‹, und: ›Ich bin unrein, weil ich Wünsche habe, die ganz natürlich sind.‹ Als meine Eltern dann erfuhren, dass ich schwanger war … war nichts mehr wie vorher.«

»Anna, Ihr nächster Termin ist da«, sagte die Dame am Empfang.

»Tut mir leid, Preston. Möchtest du sonst noch etwas wissen?«, fragte sie.

Ich hatte noch eine Frage, bevor sie ihre Pause beendete. Ich habe schon einige Horrorgeschichten gehört, in denen die Reinheitsbewegung als Problem im Zentrum stand, und ich habe mich dabei immer Folgendes gefragt.

»Noch eine Frage: Denkst du, dass die Botschaft von Jesus über Reinheit sich von dem unterscheidet, was du als Jugendliche gehört hast?«

Sie sah auf die Uhr, während sie aufstand, um ihren Kunden in Empfang zu nehmen. Ein breites Lächeln erschien auf ihrem Gesicht, bevor sie antwortete. »Ja, sicher. Jesus profitiert nicht von meiner Reinheit, und er redet nicht die ganze Zeit davon. Wenn ich so darüber nachdenke – vielleicht konnten wir Jugendlichen deshalb nicht bis zur Hochzeit warten, weil jede Woche darüber gesprochen wurde.«

»Vielleicht konnten wir Jugendlichen deshalb nicht bis zur Hochzeit warten, weil jede Woche darüber gesprochen wurde.« *Anna*

Anna hat recht. Die Purity Culture ist besessen davon, Gedanken und Absichten zu übersexualisieren. Und damit begibt man sich auf dünnes Eis. Die meisten Evangelikalen, mit denen ich gesprochen habe, erkennen die Gefahren der Botschaften, aber sie wehren aufkommende Bedenken sofort ab, indem sie auf die einzige Alternative verweisen, die sie sich vorstellen können.

Was ist mit Geschlechtskrankheiten?

Oder ungewollten Schwangerschaften?

In *Pure: Inside the Evangelical Movement That Shamed a Generation of Young Women and How I Broke Free* nennt Linda Klein die Purity Culture eine auf Scham basierende, vom Reinheitsgedanken wie besessene Subkultur, in der es in Wirklichkeit nicht um die gesunden Grenzen von Sex und Ehe geht.

Die Purity Culture vermittelt auch, dass Frauen für die sexuellen Gedanken, Gefühle und Entscheidungen der Männer verantwortlich sind und sich daher auf die richtige Art und Weise kleiden, bewegen und sprechen müssen, um sie nicht zu sexuellen Gedanken, Gefühlen und Handlungen zu »inspirieren«.[60]

Ich erinnere mich an Predigten aus meiner Jugend über sexuelle Reinheit. In einer Lektion wurde unsere Sexualität mit einem Kaugummi verglichen. »Jeder will den Kaugummi, bevor er gekaut wird«, sagte der Jugendpastor. »Schau dir die Verpackung an. Sieht das nicht gut aus!«

Dann steckte er sich den Kaugummi in den Mund und hielt eine zwanzigminütige Predigt darüber, wie Gott sich die Sache mit der Sexualität vorstellt. Am Ende der Predigt holte er den gekauten Kaugummi wieder heraus. »Wer will ihn jetzt?«, fragte er. »Ganz zerkaut. Niemand will ihn, nachdem er benutzt worden ist.« An diesem Abend strömten die Leute nur so zum Altar. Niemand wollte als zerkaut und wertlos angesehen werden. Und doch waren wir es alle.

Dekonstruierende haben die Auswirkungen der Purity Culture im christlichen Kontext schon seit einiger Zeit untersucht. Während die Kirche sich Sorgen darüber macht, dass die Menschen den Glauben hinterfragen, erzählen die Dekonstruierenden von der Zerstörung, die die Kirche angerichtet hat. Man kann kaum durch die Instagram-Seite eines ehemaligen Christen scrollen, ohne von den Auswirkungen der Purity Culture zu hören. Befürworter eines neuen, zukunftsfähigen Weges haben sich in den sozialen Medien zu Wort gemeldet, um die herzzerreißenden Geschichten von Menschen bekannt zu machen, die jetzt unter einem Religiösen Trauma leiden. Dabei handelt es sich um einen Zustand, »den Menschen erleben, die damit zu kämpfen haben, eine autoritäre, dogmatische Religion hinter sich zu lassen und mit den Schäden der Indoktrination fertigzuwerden«[61]. Es spielt keine Rolle, wie die

Botschaft *gemeint* war. Wichtig ist, dass eine ganze Generation sie gehört hat – und noch immer unter den Folgen leidet. Mädchen und Jungen hörten zwei schädliche Botschaften. Die Botschaften waren für Mädchen ausgeprägter als für Jungen, wahrscheinlich, weil es meist Männer waren, die die Botschaft weitergaben.

Viele Mädchen haben Folgendes gehört: Ihr seid dafür verantwortlich, dass die Männer in der Kirche nicht auf Abwege geraten. Die Lehre von der Sittsamkeit ist ebenso wichtig wie die Lehre von der Göttlichkeit Jesu Christi. Vielleicht ist sie sogar noch wichtiger. Uns wäre es lieber, du würdest Jesus infrage stellen, als am Mittwochabend etwas Bauchfreies zu tragen. Promiskuität ist eine Sünde, die dich nicht mehr begehrenswert macht. Sexuelle Sünde macht es dir unmöglich, in Zukunft eine tiefe intime Beziehung zu jemandem zu haben. Wenn jemand dir gegenüber sexuell übergriffig wurde, hat das etwas damit zu tun, was du anhattest und wie du dich verhalten hast.

Die Purity Culture trat nicht nur für Enthaltsamkeit und eine konservative Sexualethik ein; sie gründete sich auf Scham und Reue.

Die Purity Culture trat nicht nur für Enthaltsamkeit und eine konservative Sexualethik ein; sie gründete sich auf Scham und Reue. Das wurde mir klar, als ich erkannte, dass die Botschaften vor dem Ehebett haltmachten. Die Purity Culture hatte viel dazu zu sagen, was man *nicht* tun sollte, aber nicht viel über die aufregende sexuelle Intimität, die verheiratete Paare erleben sollten. Deshalb weiß ich – ohne auch nur den Hauch eines Zweifels –, dass Jesus die Purity Culture dekonstruieren würde.

»Meister«, sagten sie zu Jesus, »diese Frau ist auf frischer Tat beim Ehebruch ertappt worden. Nach dem Gesetz Moses muss sie gesteinigt werden. Was sagst du dazu?« ...

[Jesus sagte:] »Wer von euch ohne Sünde ist, der soll den ersten Stein auf sie werfen!« Damit bückte er sich wieder und schrieb weiter in den Staub.
Als die Ankläger das hörten, machten sie sich einer nach dem anderen davon, die Ältesten zuerst. Schließlich war Jesus allein mit der Frau, die noch immer an der gleichen Stelle in der Mitte stand. Da richtete Jesus sich wieder auf und sagte zu ihr: »Wo sind sie? Hat dich keiner von ihnen verurteilt?«
»Niemand, Herr«, antwortete sie.
»Dann verurteile ich dich auch nicht«, erklärte Jesus. »Geh und sündige nicht mehr.«
JOHANNES 8,4-5.7-11

Diese Frau, die offensichtlich die Ehe gebrochen hat, bekommt keine Moralpredigt zu hören. Als Jesus die samaritanische Frau am Brunnen trifft, sagt er ihr nicht, dass sie ihre Fähigkeit zu wahrer Intimität mit ihrem zukünftigen Ehemann verlieren würde. Sogar der Stammbaum Jesu gibt einer »unreinen« Hure eine einzigartige Position. Ich bin davon überzeugt, dass Jesus jedes System, das auf der Ausübung religiöser Macht über andere aufbaut, immer dekonstruieren wird. Außerdem wird er sich gegen alle Botschaften und Methoden wenden, die auf der Aufrechterhaltung von Scham beruhen.

Stell dir vor, Jesus trägt ein Schild mit der Aufschrift »Shame Free« (Frei von Scham) durch die Gegend. Die Menschen, mit denen er unterwegs ist, tragen ebenfalls Schilder, aber auf denen steht: »Free Shame« (Gratis-Scham). Wenn wir nicht aufpassen, werden wir denken, dass die Schilder fast gleich aussehen, aber sie enthalten entgegengesetzte Botschaften. Das ist die Purity Culture auf den Punkt gebracht.

Wie Jesus den Felsen sprengte

Politik und Purity Culture sind nur zwei Beispiele dafür, was Jesus in die Luft sprengen würde, um dem Berg seine Gesichtszüge aufzuprägen. Wie schon gesagt, gibt es viele weitere Themen wie diese, die wir überdenken müssen. Vielleicht begegnen dir einige dieser Themen auch in deiner Gemeinde oder sogar in deiner Familie.

Zu den Dingen, die mir beim Schreiben dieses Buchs klar geworden sind, gehört die Erkenntnis, wie verunsichert sich Menschen fühlen können, wenn sie ihre Ansichten zu Themen wie LGBTQ+, der Art und Weise, wie sie die Bibel lesen, oder zur Lehre von der Hölle überdenken. Wenn wir unsere Ansichten zu einem dieser Punkte ändern, bedeutet das, dass wir im Namen der Gnade die Wahrheit aufgeben – zumindest kann es sich so anfühlen. Wenn das für dich gilt, bedenke bitte Folgendes, während du dich durch den Rest dieses Buches arbeitest: *Was Jesus nicht besonders betont hat, daran sollten wir nicht um jeden Preis festhalten.*

Was Jesus nicht besonders betont hat, daran sollten wir nicht um jeden Preis festhalten.

Was dachte der Schächer am Kreuz über die kontroversen Themen seiner Zeit? Welche theologische Ansicht vertrat er in Bezug auf die Hölle oder die Inspiration der Bibel? Wer weiß das schon. Ich weiß nur, dass an diesem Tag zwei Männer am Kreuz hingen, und nur einer von ihnen war offen für Jesus.

> *Einer der Verbrecher, die neben ihm hingen, spottete: »Du bist also der Christus? Beweise es, indem du dich rettest – und uns mit!«*
> *Doch der andere mahnte: »Hast du nicht einmal jetzt Ehrfurcht vor Gott, da du den Tod vor Augen hast? Wir haben für unsere Vergehen den Tod verdient, aber dieser Mann hat nichts Unrechtes getan.«*

Dann sagte er: »Jesus, denk an mich, wenn du in dein Reich kommst.«
Da antwortete Jesus: »Ich versichere dir: Heute noch wirst du mit mir im Paradies sein.«
LUKAS 23,39-43

Ist dir aufgefallen, was Lukas über den ersten Mann schreibt, der dort am Kreuz hing? Der will, dass Jesus sich selbst rettet. »Bist du nicht der Mächtige?«, sagt er zu Jesus. »Wenn ja, dann rette dich selbst und rette uns. Beende diese Qual, indem du deine Macht beweist« (Umschreibung des Autors). Ich glaube, die Einstellung dieses Mannes gegenüber Jesus – nämlich die Forderung »Beweise dich« – ist die gleiche Einstellung, die wir haben, wenn uns die Schwierigkeiten, in denen wir uns gerade befinden, nicht gefallen. Das gleiche Gefühl, das wir haben, wenn bestimmte Lehren hinterfragt werden. Oder wenn wir ein Gespräch führen, das sich wie eine Kreuzigung anfühlt. Wir überlegen dann meistens, wie wir uns gegenüber dem, der uns infrage stellt, beweisen können. Aber dieser erste Verbrecher erscheint letztlich nicht gerade in einem günstigen Licht.

Der zweite Verbrecher am Kreuz hat eine andere Einstellung zu Jesus. Wir kennen die Gedanken oder Ansichten dieses Mannes zu den strittigen Fragen der Zeit nicht, aber wir wissen, dass er im Herzen Jesu weiterleben möchte. »Denk an mich, wenn du in dein Reich kommst«, bittet er. Es scheint, als ob seine Sehnsucht nach Jesus wichtiger ist als eine korrekte Theologie in Bezug auf die Person, die Macht oder die Mission Jesu. Wenn man die beiden Verurteilten am Kreuz vergleicht, hat der eine die richtige Theologie, der andere hat nur seine Verzweiflung. Welchen der beiden Verbrecher lädt Jesus ein, für immer bei ihm zu sein?

Von den beiden Verurteilten am Kreuz hat der eine die richtige Theologie, der andere nur seine Verzweiflung. Welchen lädt Jesus ein, für immer bei ihm zu sein?

Manchmal müssen erst persönliche Geschichten ausgegraben werden, bevor die Wahrheit Wurzeln schlagen kann. Vielleicht ist das der Grund, warum die Apologetik nicht so viele Menschen überzeugt, wie wir erwartet hätten. Wie können wir das, was tief im Herzen ist, ausgraben und ans Licht bringen?

Gemeinsam.

Als Christen und Nichtchristen.

Mit der gleichen Methode, die Jesus verwendet hat.

Mit geistlichem Dynamit in den Händen.

Darum geht es im Rest dieses Buches: Wie hat Jesus dekonstruiert? Dabei kehren wir immer wieder zur Analogie des Mount Rushmore zurück. Wir lernen die Schritte kennen, die man braucht, um so viel vom Berg der Religion abzusprengen, dass er das Gesicht von Jesus trägt.

Wenn das nächste Mal jemand zu dir sagt: »Ich dekonstruiere den Glauben«, dann kannst du ihm antworten: »Okay. Zünden wir den Sprengsatz!«

Wie dekonstruieren?

Die Vier-Schritte-Methode

TEIL 2

6

SCHRITT 1: BENENNE DIE EINZELHEITEN

Es gibt Menschen, deren geistlicher Weg sie in ein ganz anderes Land geführt hat, in dem Heiligkeit nicht bedeutet, seine Moral zu hüten, sondern sich erfüllen zu lassen mit »Herzensgüte« ... Diese Menschen konzentrieren sich nicht einmal auf die »Herzensgüte« an sich. Sie sind »zu sehr damit beschäftigt, auf die Quelle zu schauen, aus der sie kommt«.

DAVID C. DOWNING, INTO THE REGION OF AWE

Du könntest dein ganzes Leben damit verbringen, darauf zu warten, dass sich der Berg bewegt, aber der Berg wartet auf dich.

JONNY LANG, MAKE IT MOVE

Die folgende Beispielgeschichte hat mit Alkohol zu tun. Jetzt wäre ein guter Zeitpunkt, von deiner Tradition abzusehen, um einen klareren Blick auf Jesus zu bekommen. Er redete über Wein und machte ihn zu einem Hauptelement des Abendmahls. Wenn es damals allerdings schon Whiskey gegeben hätte ...

Im Mai 2021 unternahm ich mit drei Freunden einen Roadtrip nach Kentucky. Darren würde aus Montana einfliegen, und wir anderen trafen uns bei Andy, um von dort aus gemeinsam zu fahren. Zu dieser Zeit hatten wir alle ein gewisses Interesse an Bourbon-Whiskey. Damit meine ich, dass wir den Geschmack mochten und eine kleine Flaschensammlung besaßen. Gerade groß genug, um die Nachbarn glauben zu lassen, wir hätten Ahnung davon. Überall in unserem jeweiligen Umfeld gab es Whiskeyfreunde und alle naselang Verkostungen, und wir wollten unser Wissen und unsere Leidenschaft für die Kunst der Whiskeyherstellung ausbauen. Wie echte Neulinge kletterten wir in Andys geräumiges Auto, »facetimeten« mit unseren Kindern und stellten im Navi Endstation Louisville ein.

In Kentucky werden 95 Prozent des weltweit erzeugten Bourbons hergestellt. Dort wurden die ersten Brennereien gegründet, und das Klima ist sehr günstig für die Reifung von Mais, Weizen, Gerste und Roggen in Fässern. Es gibt verschiedene Jahreszeiten, in denen sich das Holz ausdehnen und zusammenziehen kann, was den Geschmack verbessert und das Produkt stark beeinflusst. Der Whiskey kommt klar in das Fass, aber seine goldene Bernsteinfarbe erhält er durch die lange Lagerung darin.[62] Unser Ziel auf dieser Reise war es, einige der tiefsten Schattierungen von Bernstein zu probieren und dabei über Gottes unerhörte Pläne für unser Leben nachzudenken. Learn, taste, listen – lerne, koste, lausche.

Erfahrungen wie diese zusammen mit engen Freunden zu machen, lässt eine Reise noch faszinierender werden. Wir besuchten mehrere Destillerien, machten private Führungen und erfuhren mehr, als wir erwartet hatten. Zum Beispiel, dass angeblich ein Baptistenprediger namens Elijah Craig der Erste war, der Bourbon herstellte. Er wollte seinen überschüssigen Mais konservieren, aber er musste ihn zu einem Brei verarbeiten und in Fässer füllen, um ihn übers Meer zu schicken. Hättet ihr das gedacht?

An unserem letzten Abend in Kentucky gingen wir in einen der Spirituosenläden vor Ort, wo wir zu unserer Überraschung erfuhren, dass die Kassiererin eine Whiskey-Sommelière war – eine ausgebildete und sachkundige Whiskey-Expertin. Sie brachte uns bei, dass kein Whiskey-Liebhaber den Begriff »weich« verwenden sollte, wenn er den Geschmack beschreibt. Das Alter des Whiskeys verdiene mehr Respekt als so einen nichtssagenden Ausdruck. Bei der Verkostung von Bourbon, Wein, Kaffee oder einem anderen Craft-Getränk sind allgemeine Begriffe nicht hilfreich. Stattdessen sollte man konkret werden. Zum besseren Verständnis zeigte sie uns ein Bourbon-Verkostungsrad, mit dem man die spezifische Note, die man schmeckt, identifizieren kann.

Ausgehend von groben Kategorien bietet das Rad mehr Geschmacksnoten, als einem normalerweise einfallen würden. Stell dir zum Beispiel vor, du nähmst einen Hauch von Frucht wahr. Das Rad würde es auf Zitrusfrüchte, frische Früchte, Trockenfrüchte oder gekochte bzw. gebackene Früchte eingrenzen. Danach wird es noch präziser. Schmeckst du Orange, Zitrusfrucht-Marmelade, Aprikose oder Mince Pie? (Einen Bourbon, der mich an dieses Weihnachtsgebäck mit getrockneten Früchten erinnert, muss ich erst noch entdecken, aber ich glaube nicht, dass ich bisher viel verpasst habe.) Ich bin mir sicher, dass das Verkostungsrad keine Erfindung von Elijah Craig ist; jedenfalls erinnert das Prinzip, das dahintersteckt, stark an eine geistliche Übung.

Je länger ein Bourbon gereift ist, desto komplexer ist er. Und je komplexer er ist, desto länger kann es dauern, den Geschmack zu dekonstruieren. Ähnlich verhält es sich mit dem Prozess der Dekonstruktion eines komplexen Glaubens. Wir wissen vielleicht, dass sich etwas falsch anfühlt, aber oft ist es schwer, genau zu bestimmen, was es ist. Die Erfahrungen, die ich in Kentucky gemacht habe, waren so hilfreich, dass ich die Idee in ein Werkzeug für den dekonstruierenden Geist umgesetzt habe.

Ich habe das sogenannte Dekonstruktionsrad entwickelt. Es soll dir oder jemandem, der dir wichtig ist, dabei helfen, das spezifische Problem, das du oder der andere mit dem Glauben hat, zu identifizieren.

Das Prinzip »Je älter, desto komplexer« kam auch in meinen Interviews zur Sprache. So wie Bourbon immer komplexer wird, je länger er im Fass reift (ein vier Jahre alter Whiskey schmeckt ganz anders als ein fünfzehn Jahre alter), so wurden auch die Vorstellungen immer komplexer, je länger sie im Kopf der Befragten »gelagert« waren. Ich hoffe, dass das Dekonstruktionsrad dir dabei hilft, dich nicht entmutigen zu lassen. Aber der Prozess braucht umso mehr Zeit und Geduld, je länger man schon über die Dinge nachgedacht hat. Wenn man zum Beispiel mit einem Vierjährigen über die Hölle spricht, ist das etwas ganz anderes, als wenn man es mit einem Vierzigjährigen tut. Der Vierjährige hat vielleicht ein Problem damit, dass sein verstorbener Freund in die Hölle gekommen ist, aber der Vierzigjährige hat ein Problem mit einem Gott, der ihn dorthin schicken würde.

Je länger ein Bourbon gereift ist, desto komplexer ist er und desto länger dauert es, den Geschmack zu dekonstruieren. Ähnlich verhält es sich mit der Dekonstruktion eines komplexen Glaubens.

Die Einzelheiten aufzuschlüsseln ist der Ausgangspunkt für die Dekonstruktion. Wir müssen aber noch mehr tun, wenn wir eine umfassend ausgearbeitete Methode haben wollen. Sobald die konkreten Punkte benannt sind, an denen wir uns reiben, müssen wir verstehen, woher die jeweilige Vorstellung kommt.

Ist das Konzept, das dekonstruiert wird, biblisch?

Ist es kulturell bedingt?

Oder ist es etwas, das wir glauben, weil es uns nützt?

All diese Fragen und etliche weitere sind auf der Reise der Dekonstruktion notwendig.

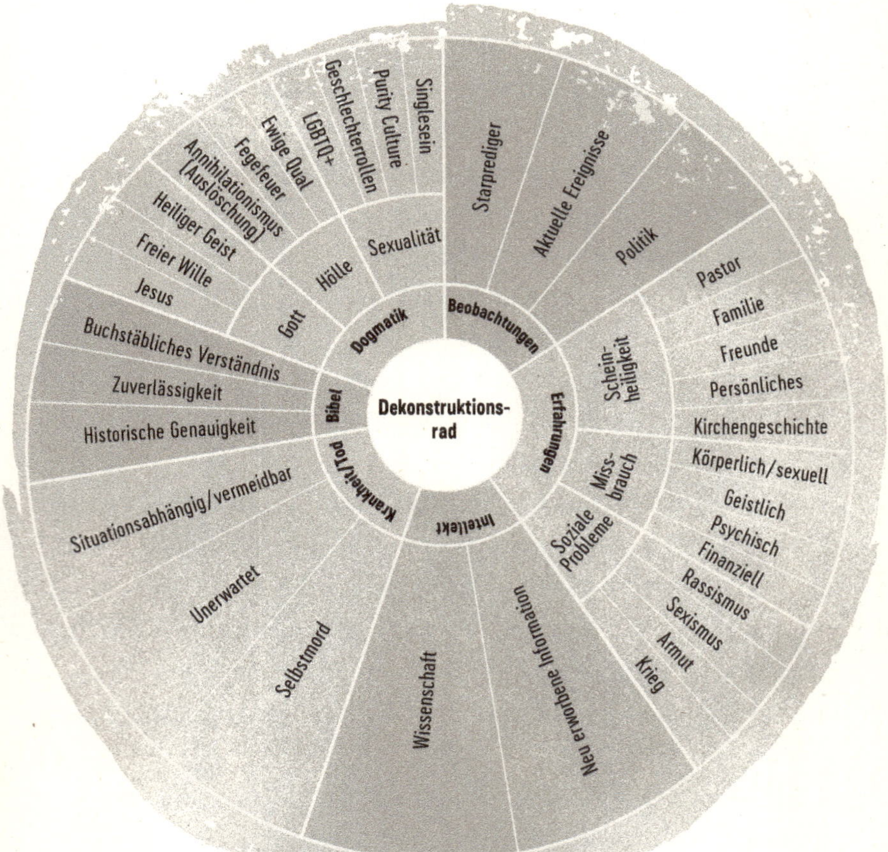

Dieses Rad soll dir helfen, wenn du dich mit einem Zweifler oder Skeptiker auf den Weg der Dekonstruktion begibst. Es gibt dir keinerlei Antworten auch nur auf die grundlegendsten apologetischen Fragen. Vielmehr kann sich dieses Dekonstruktionsrad für den evangelikal Geprägten manchmal anfühlen wie ein theologischer Splitter im Fleisch. Es benennt auf verstörende Weise, was wir oft ausblenden, und verlangt, dass wir uns damit auseinandersetzen. Wenn du dich also angepikst fühlst, denk daran: Hinter jeder Dekonstruktion steht der Wunsch nach einer Entdeckung. Ist das nicht auch der wahre Wunsch jedes Christen, der intensiv nachdenkt? Ich habe das Dekonstruktionsrad im Gespräch mit meinen Freunden verwendet und festgestellt, dass es hilfreich ist, sich damit vertraut zu machen, bevor man sich mit zweifelnden oder skeptischen Menschen gemeinsam auf den Weg macht.

Wenn ich mich mit jemandem treffe, der darüber nachdenkt, den christlichen Glauben hinter sich zu lassen, sage ich ihm oft etwa Folgendes:

»Ich möchte nicht, dass du jemals das Gefühl hast, dass deine Ansichten über das Christentum und den Glauben keine Rolle spielen. Ich bin sicher, du hast gute Gründe, warum du so denkst, wie du es tust. Wärst du bereit, mit mir zusammen die evangelikale Ausprägung des christlichen Glaubens zu dekonstruieren, damit wir beide einander besser verstehen können? Ich möchte sogar vorschlagen, dass du dabei die Führung übernimmst. Was ist es, was dich am Christentum stört und dich von jeglicher Art von Religion abschreckt?«

***Destruktion* bedeutet, das Ganze in die Luft zu jagen, ohne Rücksicht darauf, was daran wahr oder hilfreich sein könnte. *Dekonstruktion* hingegen bedeutet, es teilweise zu zerstören.**

Es ist gut, wenn es an diesem Punkt gelingt, das Gespräch so zu lenken, dass dein Gesprächspartner auf persönliche Erfahrungen zu sprechen kommt oder sehr konkrete Einwände vorbringt. Achte darauf, den anderen nicht in die Enge zu treiben oder auf deine eigene Sichtweise umspuren zu wollen. Reagiere auf geäußerte Frustration nicht mit eigenen wütenden Gefühlen. Nimm den Schmerz und die Verwirrung mit dem Betroffenen und für den Betroffenen auf. Verstärke sie nicht noch.

Damit der Prozess gelingt, muss man wissen, was genau hinterfragt wird. Welche Bereiche des christlichen Glaubens werden dekonstruiert?

Was bringt dein Gegenüber zum Lachen?

Was veranlasst ihn oder sie zum Weinen?

Was weckt Misstrauen?

Wenn du mit jemandem sprichst, der den Glauben infrage stellt, gib dich nicht mit pauschalen Aussagen zufrieden wie »Ich dekonstruiere einfach gerade den christlichen Glauben«. Wenn das wahr wäre, würden wir jeden an die bloße Lust an der Dekonstruktion verlieren. Niemand kann eine ganze Tradition dekonstruieren, die so tief in der Geschichte und Kultur verwurzelt ist. Die menschliche Seele hat zu viele Möglichkeiten, mit Gott in Kontakt zu treten, um den Glauben völlig aufzugeben. David Benner sagt in seinem Buch *The Gift of Being Yourself*:

> *Körper und Seele bergen Tausende von Möglichkeiten, aus denen du viele Identitäten aufbauen kannst. Aber nur in einer davon wirst du dein wahres Selbst finden, das für alle Ewigkeit in Christus verborgen ist. Nur in einer wirst du deine einzigartige Berufung und tiefste Erfüllung finden.*[63]

Wer dekonstruiert, muss sich ständig mit den Teilen befassen, nicht mit dem Ganzen. Darin liegt der Unterschied zwischen Dekonstruktion und Destruktion (Zerstörung). Zerstörung bedeutet, das Ganze in die Luft zu jagen, ohne Rücksicht darauf, was daran wahr oder hilfreich sein könnte. Dekonstruktion hingegen bedeutet, es teilweise zu zerstören. Und zwar in der zuversichtlichen Erwartung, dass, obwohl sich der Prozess wie eine Tragödie anfühlt, mehr dahintersteckt. Selbst der berühmte Atheist Sam Harris weiß es besser, als dass er das Christentum als Ganzes dekonstruieren würde. Als er von einem Interviewer gefragt wurde, was er gegen die Religion habe, antwortete Harris:

> *Es ist nicht so sehr die Religion an sich, es sind die falschen Gewissheiten, die mich beunruhigen, und die Religion hat einfach einen großen Anteil an falschen Gewissheiten oder Dogmatismus. Ich mache mir wirklich Sorgen, wenn ich Menschen sehe, die vorgeben, Dinge zu wissen, die sie eindeutig nicht wissen können.*[64]

Mir geht es um dasselbe. Eines der Anzeichen dafür, dass man eine Gottesbegegnung hatte, ist, dass man hinkt und nicht herumstolziert. Religiöse Menschen geben viel zu oft vor, alles zu wissen, aber das tun auch die Nichtreligiösen. Das Christentum insgesamt dekonstruieren zu wollen, beansprucht eine Gewissheit, zu der niemand fähig ist. Einen Teil des Christentums zu dekonstruieren, das ist das eigentliche Spiel, in dem wir uns befinden. Die Suche nach den konkreten Einzelheiten bindet uns an das Ganze, und deshalb ist sie der erste Schritt der Dekonstruktion.

Jesus als Meister-Dekonstruierender

Ich möchte klarstellen, dass ich mich nicht in die große Wolke der Pessimisten einreihe, die das Christentum mit Verachtung oder Geringschätzung behandeln. Ich bin aber auch nicht bereit, auf die Art und Weise zu setzen, wie wir den christlichen Glauben derzeit im Westen praktizieren. Es muss sich etwas bewegen. Wir befinden uns in einer Zeit, in der Tradition und Gott in den Augen vieler Menschen gleichbedeutend sind. Selbst Jesus musste die konkreten

Einzelheiten benennen, wenn er den Menschen helfen wollte, Gott klarer zu sehen.

Jesus dekonstruierte bestimmte Bereiche der jüdischen Normen, damit die Menschen ein klareres Bild von Gott bekommen konnten. Es ging ihm nicht darum, das Gesetz oder die Propheten abzuschaffen, aber der alte Wein war ausgetrunken (Matthäus 5,17; 9,14-17). Der Weg zu Gott führte über ihn selbst, und da war kein Platz für religiöse Anmaßungen oder menschliche Traditionen. Das Markusevangelium beschreibt ein Ereignis, bei dem Jesus die jüdischen Praktiken seiner Zeit dekonstruiert und dabei sehr konkret wird. Insbesondere auf dem Gebiet menschlicher Tradition. Die menschlichen Traditionen hatten sich mit den Geboten Gottes verflochten, und das Bild eines Gottes, der Jesus ähnlich sah, war verzerrt worden. Es ist ein großartiges Beispiel dafür, wie Jesus dieses Prinzip der Suche nach dem Konkreten, Spezifischen anwendet, um freizulegen, was für Menschen hilfreich und wahr ist, die keine religiösen Insider sind. Der Bericht des Markus beginnt damit, dass Pharisäer und andere religiöse Autoritäten sich versammeln, um einige Praktiken der Jünger Jesu zu kritisieren. Eine geistliche Gabe, die auch heute noch praktiziert wird. Und das ist der Moment, in dem man weiß, dass der dekonstruierende Retter gleich zu seinem Superhelden-Umhang greifen wird …

Jedes Mal, wenn die Autorität menschlicher Traditionen ein Hindernis dafür darstellt, dass Menschen ein freies und erfülltes Leben führen können, geht Jesus in seiner eigenen Autorität daran, diese Traditionen zu hinterfragen.

Eines Tages kamen einige Pharisäer und Schriftgelehrte aus Jerusalem zu Jesus. Sie sahen, dass einige seiner Jünger den jüdischen Brauch, sich vor dem Essen die Hände zu waschen, nicht befolgten. Die Juden, besonders die Pharisäer, essen

nicht, bevor sie sich nicht Wasser über die Hände gegossen haben, wie ihre überlieferten Satzungen es vorschreiben. Auch essen sie nichts von dem, was sie auf dem Markt gekauft haben, bevor sie nicht ihre Hände in Wasser getaucht haben. Das ist nur eine von zahlreichen Satzungen, an denen sie festhalten – wie zum Beispiel an dem Brauch, Becher, Krüge und Kupferkessel auszuspülen.
MARKUS 7,1-4

Die überlieferten Satzungen. Das ist eine faszinierende Beschreibung für das, worum es geht. Sollen wir die Art und Weise, wie wir den Glauben praktizieren, denn nicht von denen übernehmen, die uns vorangegangen sind? Sie geben uns weiter, worauf ihre Glaubensgemeinschaft beruht. Sie legen Glaubensinhalte und Verhaltensweisen für die Mitarbeiter und Mitglieder der Gemeinde fest. Sie bieten Interpretationen unserer wichtigsten Texte. Sie, die Älteren, uns Vorangegangenen, haben unzweifelhaft ihren Platz im Christentum. Aber auch sie, die uns den Glauben weitergegeben haben, sind keine Richter über die Wahrheit.

Auch die, die uns den Glauben weitergegeben haben, sind keine Richter über die Wahrheit.

Trotzdem würde ich mir wünschen, dass meine Kinder sich öfter die Hände waschen würden. Vielleicht sollten sie Markus 7,2 auswendig lernen. Und vielleicht sollte ich Markus 7,8 auswendig lernen: »Ihr setzt die eindeutigen Gebote Gottes außer Kraft und haltet an der Überlieferung von Menschen fest!«

Deshalb fragten nun die Pharisäer und Schriftgelehrten Jesus: »Warum befolgen deine Jünger unsere überlieferten Vorschriften nicht? Denn sie essen mit ungewaschenen Händen.«
Jesus erwiderte: »Ihr Heuchler! Jesaja hat euch gemeint, als er sagte:
›Diese Menschen ehren mich mit ihren Worten,
aber nicht mit ihrem Herzen.

Ihre Anbetung ist nutzlos,
denn sie ersetzen die Gebote Gottes durch ihre eigenen Lehren.‹
Ihr missachtet die Gebote Gottes und setzt an ihre Stelle eure eigenen Vorschriften.«
MARKUS 7,5-8

Sehen wir uns an, wie Jesus in seiner Begegnung mit den Pharisäern und Schriftgelehrten vorgeht. Er greift keinen anderen Aspekt ihrer Theologie an. Jesus diskutiert nicht einmal die rabbinischen Normen seiner Zeit. Jesus benennt *eine konkrete Vorstellung, die nicht hilfreich ist*. In den folgenden Kapiteln werde ich dieselbe Stelle exegetisch behandeln. Sie wird der Ankertext sein, an dem wir sehen können, wie Jesus sehr überlegt den Berg sprengt. Vorerst bleiben wir bei Vers 8. Die Gebote Gottes außer Kraft zu setzen und stattdessen an menschlichen Überlieferungen festzuhalten, das ist die Hauptsünde, gegen die in der exvangelikalen Welt ermittelt wird.

In seinem Buch *After Evangelicalism* untersucht Dr. David Gushee die traditionelle Art und Weise, wie wir in der evangelikalen Welt Dinge getan haben, sehr gründlich, um dann einen neuen, zukunftsfähigen Weg zu empfehlen: eine Art der Rekonstruktion außerhalb der Traditionen und der traditionellen Einstellungen des evangelikalen Christentums.

Die Berufung auf die alte Tradition, um evangelikale Grenzlinien und festgesetzte Definitionen zu wahren, ist zweifellos ein Merkmal der letzten Jahrzehnte. Konservative evangelikale Führungsfiguren finden es hilfreich, sich in ihren Kämpfen gegen Andersdenkende auf das zu berufen, »was die Kirche immer und überall geglaubt hat«. Es ist in der Tat eine wirksame Munition, wenn man sich nicht auf sola scriptura, sondern auf Schrift und Tradition berufen kann, um seine Positionen zu stützen.[65]

Lassen wir uns das mal durch den Kopf gehen. Viele der sprichwörtlichen Hügel, auf denen wir gestorben sind,[66] sind so weit vom Hügel des Kreuzes entfernt, dass der Sprung von unseren Vorlieben und Traditionen nach Golgatha für den Intellektuellen unmöglich ist. Auf dem Hügel unserer Tradition wird nur unser Blut vergossen. Jesus hatte kein Interesse daran, für gesetzliche Lebensweisen zu sterben.

Daran wurde ich während eines Interviews erinnert, das ich mit Justin Brierly, dem Moderator des Podcasts *Unbelievable?*, und einer seiner Gesprächspartnerinnen, Gaia, führte. Gaia ist Atheistin; in dem Gespräch machte sie sehr deutlich, dass ihre innere Reise weg vom christlichen Glauben begann, als ihr auffiel, wie viele Regeln mit dem Christsein verbunden waren.

»Als ich in der katholischen Kirche war, blieb ich unter anderem an den Regeln hängen«, sagte sie Justin und mir. Später sprach sie über ihre Erfahrungen in protestantischen Kirchen.

»Ich war auch wirklich entsetzt, dass dies [die Regeln] ein Mechanismus war, um Menschen zu kontrollieren. Es gab auch so viele andere Regeln, die einen kontrollierten. Ich hatte zunehmend das Gefühl, *ich könnte das einfach nicht mehr*. Und ich ging zu protestantischen Kirchen und stellte fest, dass es dort *andere* spezielle Regeln und Hürden gab, die man nehmen musste.«[67]

Wir können kaum erwarten, dass jeder Christ eher den Geboten Gottes folgt und sich nicht von seiner gesetzlichen Tradition leiten lässt. Aber wenn wir bestimmte Vorstellungen finden, die dekonstruiert werden sollten, müssen wir bereit sein, dies auch zu tun. Ich habe zu dem Text aus Markus 7 in Gemeinden fast jeder erdenklichen Größe gepredigt. Die Reaktionen sind immer »Amen« und irgendwelche Komplimente. Aber in Wirklichkeit passiert nicht viel. Wir sind immer noch Opfer des mündlichen Gesetzes, genau wie die Anhänger des Talmuds. In der Mischna, einer Sammlung jüdischer Traditionen im Talmud, heißt es: »Es ist ein größeres Vergehen, etwas zu lehren, das der Stimme der Rabbiner widerspricht, als der Schrift selbst zu widersprechen.«[68]

Pastoren verurteilen immer noch jeden, der Alkohol trinkt.

Eltern glauben immer noch, dass das Heil ihrer Kinder davon abhängt, wie sie den Schöpfungsbericht in 1. Mose 1 verstehen.

Und jeder Sonntagsgottesdienst, in dem es einen Dialog anstelle der traditionellen Kanzelpredigt gibt, »schadet der Heilsbotschaft«, wie ein Pastor mir sagte.

Dies sind allerdings nur Zerrbilder der wahren Probleme. Die konkreten Themen sind viel wichtiger. Um diese herauszufinden, müssen wir genauer hinsehen, statt nur über das Problem der »Tradition« zu sprechen. Und das ist der Punkt, an dem es richtig unangenehm wird.

Auftritt David Gushee

Es gibt nur wenige Menschen, die sich dem dekonstruierenden Geist Jesu so verschrieben haben wie Dr. David Gushee, der als »einer der führenden christlichen Ethiker Amerikas« bezeichnet wurde.[69] Ich lernte seine Arbeit zum ersten Mal während meines Studiums kennen. Sein Buch *Kingdom Ethics* (gemeinsam mit Glen Stassen verfasst) war Pflichtlektüre für alle Studenten, die ich kannte. Damals schien es fortschrittlich, über Fragen des Klimas und der Menschenrechte zu sprechen. Für mich war es fortschrittlich, mehr zu recyceln und Folter jeglicher Art nicht zu unterstützen.

Zwischen *Kingdom Ethics* und *After Evangelicalism* sind viele Bücher erschienen. Dr. Gushee hat seine Meinung zu etlichen Themen geändert und ist dafür scharf kritisiert worden. Es hat mich schon immer fasziniert, dass Gushee Jesus, der Bibel und einem Christentum verpflichtet ist, das für seine Ethik der Liebe bekannt ist. Im Gegensatz zu vielen anderen Menschen, die ich interviewt habe, hat Gushee sich nicht vom Glauben verabschiedet oder ist aus der Kirche ausgetreten. Nicht, dass nicht viele Evangelikale versucht hätten, ihn hinauszudrängen. Er setzt sich nach wie vor unbeirrt dafür ein, den Dekonstruierenden zu helfen, einen biblisch fundierten Glauben zu rekonstruieren, der auf der Person Jesu gründet. In unserem Gespräch wurde mir bewusst, wie *gefährlich* Dekonstruktion denen erscheinen kann, die Gemeinde-Insider sind.

»Von 1994 bis ungefähr 2014 war ich *der* evangelikale Ethik-Experte«, sagte Gushee mir. »Ich wurde sogar von den unbedeutendsten Bibel-Colleges am Ende der Welt eingeladen, um in ihrer Kapelle zu predigen.« Gushee hatte eine Kolumne in *Christianity Today* und sprach an Colleges wie Fuller und Wheaton. Er war ein Meister darin, sehr präzise die Punkte des Christentums herauszuarbeiten, die einer Reform bedurften. Gushee erzählte mir, wie er nach dem 11. September 2001 einen Artikel schrieb, in dem er Amerikas Einsatz von Folter verurteilte. Den größten Widerstand bekam er von evangelikalen Christen. Als Zeichen dafür, dass ich zuhörte, und als jemand, der ähnliche Erfahrungen gemacht hat, antwortete ich: »War ja klar.«

»Natürlich ›war ja klar‹ ... Ich wusste nur in dem Moment nicht, dass es so ›klar‹ sein würde!«, erwiderte Gushee. »Ich dachte, Evangelikale würden sich dadurch definieren, wie ernsthaft es ihnen darum geht, Jesus zu folgen. Wie dumm von mir.«

Gushee sprach dann darüber, wie ein facettenreiches Christentum ihn sowohl verletzt als auch geheilt hat. Er hat seine Unzufriedenheit mit evangelikalen Lehren und Praktiken nie verallgemeinert. Und er hat nie (schriftlich oder persönlich) empfohlen, dass Menschen, die durch das Christentum verwirrt sind, die Kirche verlassen sollten. Gushee räumte ein, dass Jesus nachzufolgen und dies in der westlichen Kirche des einundzwanzigsten Jahrhunderts zu tun, eine komplizierte Angelegenheit ist.

»Ich kann nicht länger akzeptieren, dass die vorherrschende evangelikale Sicht der Dinge für den Umgang mit der Welt, in der wir leben, oder selbst für die Nachfolge Jesu angemessen ist«, sagte er mir.

Das ist in der Tat ein bedrückender Gedanke.

Gushee äußerte sich danach zu seinem Engagement in der evangelikalen Welt und den verheerenden Konsequenzen, als er sich offen zur LGBTQ+-Gemeinschaft bekannte, und fragte dann:

»Was ist Evangelikalismus? Wo sind die Probleme, die so viele Millionen Menschen veranlasst haben, die Flucht zu ergreifen? Oder sich völlig vom Glauben abzuwenden, weil sie davon fertiggemacht werden? Und gibt es einen Weg aus dem Evangelikalismus in die Nachfolge Jesu, der vielleicht hilfreich sein kann?«

Mit Bezug auf diese letzte Frage beeilte sich Gushee zu sagen, dass *After Evangelicalism* eine konstruktive postevangelikale Theologie und Ethik sei. Wir sprachen ausführlich über die konkreten Aspekte des Christentums, die er auf seiner Suche nach Christus dekonstruiert hat.

»Jesus bleibt die zentrale, nicht verhandelbare Figur«, sagte er. »Ich kann das Nizänische Glaubensbekenntnis bekennen. Ich kann jedes Element davon bejahen.« Dann wurde er konkreter: »Sicher haben Sie bemerkt, dass Dinge wie die Unfehlbarkeit der Heiligen Schrift nicht zum Glaubensbekenntnis gehören. Oder? Das waren spätere Entwicklungen. Die Bibel kann also eine zentrale Rolle spielen, ohne dass wir eine Doktrin namens Irrtumslosigkeit oder Unfehlbarkeit haben müssen. Zentrale Rolle der Schrift, ja. Irrtumslosigkeit, nein.«

Mit dieser letzten Aussage wurde ich Zeuge davon, wie jemand ein konkretes Thema dekonstruierte und es nahezu übergangslos selbstbewusst rekonstruierte. Als führender christlicher Ethiker hat Dr. Gushee zweifelsohne schon früher solche Aussagen gemacht. Und ob man ihm zustimmt oder nicht, ist nebensächlich. Mein Interview mit ihm machte deutlich, dass der Evangelikalismus keine herausragend hilfreiche Form des Christentums ist – und um Jesu willen muss er genau unter die Lupe genommen werden, indem wir ein Thema nach dem anderen angehen. Gushee setzte seine kritische Würdigung fort:

»Viele der Dinge, über die Menschen in den evangelikalen Subkulturen stolpern, haben wirklich nichts mit den nicht verhandelbaren Grundlagen des christlichen Glaubens zu tun.« Diese letzte Aussage fasst dieses ganze Kapitel zusammen. Vielleicht sogar das ganze Buch.

Gushee erörterte dann, welches diese Subkulturen sind. Von der politischen Ausrichtung des Evangelikalismus auf die konservative Rechte bis hin zur Übernahme von Fremdenfeindlichkeit, die über andere moralische Verpflichtungen gestellt wurde. Dabei wurden zwei Dinge kristallklar. Erstens: Die Lehre Jesu und die historische Verwurzelung des christlichen Glaubens sollten für uns von großer Bedeutung sein. (Mit historisch meine ich, dass wir den ersten Aposteln und Jüngern Jesu so nahe wie möglich kommen. Ich meine damit nicht die Fortsetzung von Traditionen, weil die Kirche etwas schon immer auf eine bestimmte Weise getan hat.) Zweitens: Wenn wir uns an etwas anderes als an Jesus und die ursprüngliche Kirche binden, wird das für Millionen Menschen

»Viele der Dinge, über die Menschen stolpern, haben nichts mit den nicht verhandelbaren Grundlagen des christlichen Glaubens zu tun.«
David Gushee

auf ihrer Reise zur Wahrheit eine katastrophale Kollision bedeuten. Und einen derartigen Stau, wie er dann entsteht, haben wir noch nie erlebt.

Wir stecken in der Tat fest.

Aber wir müssen nicht stecken bleiben.

Nicht länger die Wahrheit sagen

Eine Reformation entsteht nicht durch neue Entdeckungen. Das nennt man eine Sekte. Eine Reformation erwächst aus der Wiederentdeckung alter Wahrheiten.

Die alte Wahrheit, die so leicht verloren zu gehen scheint, sind die Person und das Werk Jesu als unsere deutlichste Offenbarung Gottes. Was könnten Menschen gegen einen liebenden Gott einzuwenden haben, der am Kreuz für seine Feinde stirbt? Keiner meiner Gesprächspartner war der Meinung, dass Gott durch irgendjemand anderen besser repräsentiert werden könnte als durch Jesus. Außerdem gehörten Tod und Auferstehung Jesu für Christen wie Nichtchristen gleichermaßen zu den größten Taten der Hoffnung und Liebe. Auch wenn sich nicht alle so klar über ihren Glauben äußern können wie Dr. Gushee, so teilen doch viele derjenigen, die ernsthaft Zweifel haben, seine Meinung. Gushee ist zu der Überzeugung gelangt, dass die Autorität Jesu, wie sie in den Evangelien zum Ausdruck kommt, das fundamentale Bekenntnis ist, auf dem jedes theologische Gebäude errichtet werden muss. Und bevor wir denken, dass dies ein allzu großzügiges Glaubensverständnis ist – der Apostel Paulus teilt diese Meinung:

> *Nun will ich euch noch einmal an die gute Botschaft erinnern, liebe Brüder, die ich euch verkündet habe. Ihr habt sie damals angenommen, und sie ist*

auch heute das Fundament eures Glaubens. Durch sie werdet ihr gerettet, wenn ihr daran festhaltet genau so, wie ich sie euch verkündet habe – es sei denn, ihr seid vergeblich zum Glauben gekommen. Ich habe euch das weitergegeben, was am wichtigsten ist und was auch mir selbst überliefert wurde – dass Christus für unsere Sünden starb, genau wie es in der Schrift steht. Er wurde begraben und ist am dritten Tag von den Toten auferstanden, wie es in der Schrift steht. Er wurde von Petrus gesehen und dann von den zwölf Aposteln.

1. KORINTHER 15,1-5

Vor seiner Bekehrung war der Apostel Paulus ein Mann der Tradition. Bis zu seiner Begegnung mit Jesus war er mehr dem verpflichtet, was er von der Religion gelernt hatte, als dem, wer Gott durch Jesus war. Es ist auch nicht so, dass nichts von Paulus' Religion wahr gewesen wäre. Sie war nur nicht auf dem richtigen Fundament aufgebaut. Ja, das Evangelium von Jesus ist wichtiger als die Tradition. Aber in 1. Korinther 15 werden wir daran erinnert, dass das Evangelium eine andere Qualität hat und wichtiger ist als andere Wahrheiten. In unserem Bemühen, denen zu helfen, die mit dem Glauben Schwierigkeiten haben und ihn schließlich aufgeben, versuchen wir, ihnen die Wahrheit über jedweden konkreten Aspekt des Glaubens zu vermitteln, der ihnen den Zugang versperrt. *Wenn sie in diesem Bereich nicht so denken wie ich*, sagen wir uns, *dann sind sie keine echten Christen*. Ohne das Fundament Jesus wird ein Haus der Wahrheit schließlich zusammenbrechen.

Das Evangelium hat eine andere Qualität und ist wichtiger als andere Wahrheiten.

In seinem Buch *One Gospel for All Nations* schreibt Jackson Wu: »Es ist möglich, das Evangelium zu kompromittieren, indem man sich mit der Wahrheit begnügt.«[70] Das Evangelium ist so tief, dass kein Theologe jemals den Grund erreichen wird, und so flach, dass der Skeptiker niemals ertrinken kann. Meiner Meinung nach sollten wir aufhören, Nebensachen zu Hauptsachen zu erklären, und beides, Tradition und Wahrheit, hinter die gute Botschaft von Jesus zurücktreten lassen.

An welchem konkreten Aspekt des Glaubens ein Dekonstruierender hängen bleibt, ist weitaus weniger wichtig als die Wahrheit über den, der sich für ihn ans Kreuz hängen ließ.

Um Menschen zu helfen, dies zu erkennen, müssen wir bereit sein, zum Kern ihres Problems vorzudringen. Die Frage »Was sagt Jesus über diese konkrete Vorstellung?« ist der erste Schritt dazu, den Glauben so zu dekonstruieren, dass darin wieder eine Hoffnung liegen kann.

7

SCHRITT 2: FINDE DIE QUELLE

Ich bin nicht zur Religion gegangen, damit sie mich glücklich macht.
Ich wusste schon immer, dass das auch eine Flasche Portwein tun würde.
Wenn Sie eine Religion suchen, in der Sie sich wirklich wohlfühlen,
empfehle ich Ihnen sicher nicht das Christentum.

C. S. LEWIS

Oh ja, die Vergangenheit kann schmerzen. Aber so wie ich das sehe,
kann man entweder vor ihr weglaufen oder aus ihr lernen.

RAFIKI IN KÖNIG DER LÖWEN

Meine Frau Lisa und ich saßen unseren Kindern am Tisch gegenüber. Wir befanden uns in harten Verhandlungen. Wir hatten beschlossen, an diesem Abend im Restaurant zu essen, und wir wollten mit ihnen irgendwohin gehen, wo es kein Spielzeug zum Kindermenü gab. Wir gewannen jede Runde Schnick, Schnack, Schnuck. Sie verloren zudem an Verhandlungsmacht, weil sie in letzter Zeit ihre Pflichten im Haus vernachlässigt hatten. Und dann fiel es mir ein: *Moment – wir sind die Eltern!*

»Ab ins Auto, Kinder. Wir fahren ins Red Lobster.« Ich weiß. Ich bin so ein gemeiner Vater.

Über Hummer

Hummer steht nicht gerade auf dem wöchentlichen Speiseplan im Hause Ulmer. Er ist teuer, meine Kinder sind nicht scharf auf neue Geschmackserlebnisse, und wir leben in Missouri. Die einheimische Kreatur, die dem Hummer am nächsten kommt, ist Schildkröte. Schnappschildkröte, um genau zu sein. Wenn wir Hummer essen gehen, ist das etwas Besonderes. Das gilt wahrscheinlich für die meisten Familien, aber das war nicht immer so. Ob ihr es glaubt oder nicht, Hummer gehörte früher zu den unbeliebtesten Lebensmitteln, die es gab. Er galt als Schlammfresser. Als »Kakerlake des Meeres«.[71] 1876 schrieb der Schriftsteller John J. Rowan: »Hummerschalen in der Nähe eines Hauses werden als Zeichen von Armut und Verkommenheit angesehen.«[72] Ich weiß nicht, ob ich jemals Hummerschalen in der Nähe eines Hauses gesehen habe, aber ich fände es beeindruckend, wenn es so wäre! Wenn du und ich an Hummer denken, dann trägt er einen Zylinder und ein Monokel. Damals wären es eine Baseballkappe und Tennisschuhe gewesen.[73]

Verratet es meinen Kindern nicht, aber vielleicht ist ihre Intuition in Bezug auf Hummer richtig.

Im 17. Jahrhundert wurden Hummer an der Küste von Massachusetts in halbmeterhohen Haufen angespült.[74] Der Überfluss an Hummer war den Einheimischen peinlich. Nur widerwillig setzten sie die Hummer Gästen vor, aus reiner Not heraus. Niemals aus Stolz. Das Wort selbst (englisch *Lobster*) stammt vom altenglischen *loppe*, was Spinne bedeutet.[75] Gibt es etwas Unappetitlicheres, als eine Meerestarantel zu verspeisen? Selbst um 1900 galt Hummerfleisch noch nicht als etwas Besonderes. Es wurde in Dosen für 11 Cent verkauft und stand im Regal neben den Baked Beans für 53 Cent.[76] Tatsächlich wurde Hummer früher an Arme und Gefangene verschenkt. Du siehst, worauf ich hinauswill.

Was heute eine Delikatesse ist, galt früher als abstoßend und unerwünscht. Wann also erklomm der Hummer die soziale Leiter? Als sich die Eisenbahn in den USA auszubreiten begann.

Die Transportmanager fanden eine geniale Methode, um Geld zu sparen. Menschen, die nicht an der Küste lebten, hatten keine Ahnung, was ein Hummer ist. Wenn man den Leuten im Landesinneren erzählte, es handele sich dabei um etwas Seltenes, Exotisches, das zudem mit einem gewissen sozialen Status verbunden sei, würden sie den Unterschied nicht erkennen. Köche begannen zu experimentieren, wie man den Hummer appetitlicher zubereiten konnte. Das sprach sich schnell herum, und ehe man sich versah, wurde Hummer auf Salaten, in Suppen und pfundweise angeboten.[77] Wenn du also das nächste Mal eine Meereskakerlake isst, frag dich mal: *Schmeckt das eigentlich besser als Lachs? Oder bin ich nur darauf konditioniert worden, es zu besonderen Anlässen zu bestellen?* (Vielleicht habe ich euch gerade Geld gespart!)

Im Laufe der Zeit beeinflusste die soziale Konditionierung, was die Menschen zu konsumieren bereit waren. Je weiter man in der Geschichte zurückgeht, desto unattraktiver war Hummer. Eine Untersuchung von France Bellisle für das Europäische Informationszentrum für Lebensmittel stellt fest:

> *Soziale Einflüsse auf die Nahrungsaufnahme meinen den Einfluss, den eine oder mehrere Personen auf das Essverhalten anderer haben, entweder direkt (Kauf von Lebensmitteln) oder indirekt (Lernen aus dem Verhalten von Gleichaltrigen), entweder bewusst (Übertragung von Überzeugungen) oder unbewusst. Selbst wenn man allein isst, wird die Lebensmittelauswahl durch soziale Faktoren beeinflusst, da sich Einstellungen und Gewohnheiten durch die Interaktion mit anderen entwickeln.*[78]

Jetzt habe ich dir vielleicht die Lust auf Hummer für immer verdorben.

Wenn man die Geschichte hinter einer Sache kennt, kann das ausschlaggebend dafür sein, ob man sich daran beteiligt, sie voranzutreiben. Das trifft auch auf die christliche Tradition zu. Je weiter man in der Geschichte der Kirche zurückgeht, desto mehr erkennt man, dass bestimmte Dogmen und Praktiken, die heute üblich sind, in früheren Epochen als höchst unerwünscht gegolten hätten. Zweifellos haben wir aus vielen Dingen, die die Kirchenväter sozusagen ins Meer zurückgeworfen hätten, eine Delikatesse gemacht. Das ist vielleicht eines der wichtigsten Dinge, derentwegen wir uns der Welt gegenüber schuldig bekennen müssen.

In diesem Kapitel werden wir erörtern, wie wir Überzeugungen und Praktiken überprüfen können, um zu verstehen, woher sie stammen. Dies ist eine zentrale Disziplin des dekonstruierenden Geistes: nicht etwas zu akzeptieren, weil es »schon immer so war«. Ebenso allerdings nicht etwas abzulehnen, weil es »schon immer so war«! Die Gemeinsamkeit eines Dekonstruierenden mit Jesus besteht darin, verstehen zu können, aus welchen Ursprüngen das Christentum kommt und wie wir als Christusnachfolger von hier aus weitermachen sollten. Das ist eine neue Denkweise für Evangelikale. Wie der evangelikale Autor und Redner Os Guinness festgestellt hat:

Zweifellos haben wir aus vielen Dingen, die die Kirchenväter sozusagen ins Meer zurückgeworfen hätten, eine Delikatesse gemacht.

> *Die Evangelikalen haben seit den 1820er- und 1830er-Jahren zutiefst gesündigt, indem sie anti-intellektuell waren. Lange Zeit haben wir den kulturellen Preis dafür nicht gezahlt, weil wir die Zahlen, den sozialen Eifer und die geistliche Leidenschaft für das Evangelium hatten.*[79]

Zum Herzen zurück

Kommen wir noch einmal auf den Abschnitt aus Markus 7 zurück, auf den ich im letzten Kapitel eingegangen bin. Jesus wurde von einigen Pharisäern und Schriftgelehrten angesprochen, weil sie mit dem Verhalten seiner Jünger nicht zufrieden waren. Seine Jünger wuschen sich vor dem Essen nicht die Hände. Das hatte nichts mit Hygiene zu tun. Es war ein jüdischer Brauch, der durch mündliche Überlieferung weitergegeben wurde, und ein Verstoß gegen das mündliche Gesetz war in den Augen der Pharisäer gleichbedeutend mit einem Verstoß gegen Gottes Gesetz. Jesus wies sie darauf hin, wie lächerlich es ist, menschliche Gesetze mit dem Gesetz Gottes gleichzusetzen, indem er sie Heuchler nannte und dann eine Ermahnung aus dem Buch Jesaja zitierte. Der Satz, mit dem wir die Geschichte im letzten Kapitel beendet haben, war der Höhepunkt von Jesu Antwort:

»Ihr missachtet die Gebote Gottes und setzt an ihre Stelle eure eigenen Vorschriften« (Markus 7,8).

Vergessen wir nicht, dass die gesamte hier dargestellte 4-Schritte-Dekonstruktionsmethode aus der Bibel stammt. Viele Leute denken, dass Dekonstruktion nicht nach einer Methode geschehen kann, folgen aber in ihrer eigenen Dekonstruktion, ohne es zu wissen, der Vorlage, die Jesus uns gegeben hat.

[Jesus sagte:] »Ihr missachtet die Gebote Gottes und setzt an ihre Stelle eure eigenen Vorschriften.«

Und er fuhr fort: »Geschickt setzt ihr Gottes Gebote außer Kraft, um an euren eigenen Vorschriften festzuhalten. Mose gab euch das Gebot von Gott: ›Ehre deinen Vater und deine Mutter‹, und: ›Wer Vater oder Mutter verflucht, soll mit dem Tod bestraft werden.‹ Ihr dagegen behauptet, es sei durchaus richtig, wenn jemand zu seinen Eltern sagt: ›Es tut mir leid, ich kann euch nicht helfen. Ich habe gelobt,

Gott alles zu geben, was ich euch hätte geben können.‹ Ihr lasst zu, dass er seine eigenen Eltern, die Not leiden, vernachlässigt. Auf diese Weise brecht ihr das Gebot Gottes, um eure eigenen Vorschriften zu halten. Und das ist nur ein Beispiel von vielen.«

MARKUS 7,8-13

Jesus greift hier eine jüdische Tradition an. Die Exegeten sind sich nicht ganz sicher, wann sie eingeführt wurde, aber die Tradition wurde mündlich weitergegeben. Man weihte etwas aus seinem Besitz Gott, und damit hatte niemand sonst mehr einen Anspruch darauf. Der geweihte Gegenstand oder das geweihte Geld musste weder einem Priester noch einem Nächsten und noch nicht einmal den Bedürftigen gegeben werden.[80] Ich fühle mich an die Szene in *The Office* erinnert, als Michael Scott anfängt, seinen Bankrott zu erklären, weil er denkt, dass es genügt, ihn laut zu verkünden, um ihn gültig zu machen.[81] Soweit wir wissen, war es mit der Weihe von Dingen für Gott ähnlich, aber aus viel egoistischeren Gründen.

Was ist der wertvollste Gegenstand, den du besitzt? Stell dir vor, du würdest erklären, er sei Gott geweiht. Von diesem Zeitpunkt an könnte niemand mehr von dir verlangen, ihn zu verkaufen, einzutauschen oder in dein Testament aufzunehmen. Er würde unantastbar werden. Diese Tradition setzte das Gebot Gottes außer Kraft, sich um Mutter und Vater (5. Mose 27,16), den Nächsten (Prediger 4,10) und um die Armen und Bedürftigen (Sacharja 7,9-10) zu kümmern. Jesus wusste offensichtlich, wo diese Tradition herkam. Indem er anerkannte, dass sie aus menschlicher und nicht aus göttlicher Autorität stammte, entkräftete er die Verurteilung seiner Jünger durch die Pharisäer. Jesus tat dies auch in anderen Zusammenhängen, etwa wenn er nach den Steuern, dem Sabbat oder sogar danach gefragt wurde, wie die Menschen beten sollten. In all diesen Berichten entspricht die Antwort Jesu der geistlichen

Haltung, die wir auch sonst im Neuen Testament finden. Es ist eine Antwort, die den Geist des Gesetzes über das Gesetz selbst stellt.

In Römer 8,2 heißt es: »Denn die Macht des Geistes, der Leben gibt, hat dich durch Christus Jesus von der Macht der Sünde befreit, die zum Tod führt.« Das ist ein wichtiger Teil der Dekonstruktionsreise jedes Menschen. Wenn Menschen sich von Dogma und Gesetzlichkeit entfernen und sich zu Liebe, Akzeptanz und Gnade hinwenden, werden sie von vielen Vertretern des Evangelikalismus als Bedrohung angesehen. Aber diese Menschen setzen voll und ganz auf den Geist des Gesetzes, nicht auf das Gesetz selbst. Das führt mich zu der Frage: Ist es besser, den Buchstaben des Gesetzes zu befolgen, oder sich zu bemühen, nach dem Geist des Gesetzes zu leben?

In meinen Interviews für dieses Buch haben alle ehemaligen Christen, mit denen ich gesprochen habe, eine tiefe Trauer über die Auswirkungen von Dogmen zum Ausdruck gebracht. Der Geist des Gesetzes war in den Buchstaben des Gesetzes verloren gegangen. Der genaue Wortlaut, der buchstäblich umgesetzt wurde, war wichtiger geworden als der Grund, aus dem er geschrieben worden war, und das führte schließlich dazu, dass Christen ihre Brüder und Schwestern in Christus verletzten. Wenn wir verstehen, woher Vorstellungen und Überzeugungen kommen, müssen wir uns auch fragen, warum sie überhaupt eingeführt wurden. Wenn unsere Überzeugungen nicht mit dem Wesen Gottes übereinstimmen, sollten wir sie dann als unverzichtbar für echtes Christsein weitergeben? Das Wesen Gottes, wie es sich in Jesus offenbart hat, sollte der Maßstab für alle Gesetze, Traditionen und christlichen Glaubensinhalte sein. Ich glaube, dass es ungleich wichtiger und grundlegender ist, zu verstehen,

Ist es besser, den Buchstaben des Gesetzes zu befolgen, oder sich zu bemühen, nach dem Geist des Gesetzes zu leben?

warum etwas geschrieben wurde, als blind ein oberflächliches Verständnis des Buchstabens des Gesetzes umzusetzen. Diese Art christlicher Prioritätensetzung ruft viele verschiedene Gefühle hervor. Es ist ein ständiges Hin und Her zwischen dem Schmerz der Ablehnung von etwas und der Freude der Entdeckung von etwas anderem. Es scheint, als hätte Jesus dies seinen Anhängern regelmäßig zugemutet.

In der Bergpredigt werden wir Zeugen davon, wie der Buchstabe des Gesetzes im Licht des Geistes des Gesetzes umgeschrieben wird. Sie beginnt mit einer Einladung an diejenigen, deren innere Haltung dem Charakter Jesu entspricht: die Armen im Geist (Matthäus 5,3), die Trauernden (5,4), die Sanftmütigen (5,5), die nach Gerechtigkeit Strebenden (5,6), die Barmherzigen (5,7), die Menschen mit reinem Herzen (5,8), die Friedensstifter (5,9) und die ganz Gott Hingegebenen (5,10). Aus dieser Botschaft geht hervor, dass *die geistliche Haltung eines Glaubenden wichtiger ist als seine unbedingte Loyalität gegenüber einer bestimmten Position.* Es ist ein so ausgefallener Predigtauftakt, dass Jesus seinen Zuhörern versichert, dass er nicht gekommen ist, um das Gesetz abzuschaffen, sondern um es zu erfüllen. »Versteht nicht falsch, warum ich gekommen bin. Ich bin nicht gekommen, um das Gesetz oder die Schriften der Propheten abzuschaffen. Im Gegenteil, ich bin gekommen, um sie zu erfüllen« (Matthäus 5,17). Dass Jesus den Buchstaben des Gesetzes erfüllt hat, heißt nicht, dass es vollkommen starr befolgt werden muss. Jesus selbst hat am Sabbat geheilt, Unreine berührt und mehr skandalöse Verhaltensweisen an den Tag gelegt, als in den Evangelien berichtet werden. Das Gesetz zu erfüllen, bedeutet, den Geist des Gesetzes zu ehren, den Grund, aus dem es überhaupt erst geschaffen wurde. Um den Theologen Stanley Hauerwas zu zitieren: »Die Grundlage der Ethik der Bergpredigt ist nicht das, was funktioniert, sondern die Art, wie Gott ist.«[82]

Bevor wir das alles als Häresie abtun, sollten wir uns daran erinnern, dass der Rest der Predigt Jesu damit zu tun hat, zum Herzen zurückzuführen, das hinter dem Gehorsam steht. Mord, Ehebruch, Ehescheidung, Eide ablegen und Feindesliebe – all das wird neu beurteilt im Licht der Motivation eines Menschen. Je mehr ich mich mit Jesus beschäftige, desto anstößiger wird er für meinen Regeln setzenden – und Regeln befolgenden – Geist. Ich versuche, die Regeln zu befolgen, denn das tut ein guter Christ nun mal. Vielleicht ist Dekonstruktion genau deshalb ein so wichtiger Teil des Weges für jeden, der Christus folgen will. Dekonstruktion hilft uns, die Rolle des »guten Christen« zu verlassen, damit wir in der Welt als authentische Denker und als Menschen, die mit Gott ringen, sichtbar werden können.

Drei wichtige Fragen

Der dekonstruierende Verstand stellt drei wichtige Fragen, bevor er sich auf den Weg des Analysierens und Hinterfragens einlässt. Genauso wichtig wie das, *was gesagt wird*, ist, *woher es kommt* und *warum es da* ist. Jetzt diese Fragen zu stellen, könnte einen neuen kulturellen Standard für die nächste Generation hervorbringen. In einigen Fällen sind dies die Fragen, die die Generation Z intuitiv stellt. Der Logik dieser drei Fragen scheint auch Jesus in Markus 7 zu folgen:

- Woher kommt diese Überzeugung?
- Wem nützt sie?
- Wem schadet sie?

1. Woher kommt diese Überzeugung oder Praxis?

Wenn wir als Christen fragen: *Woher kommt diese Überzeugung?*, akzeptieren wir, dass viele unserer Überzeugungen möglicherweise nicht in der Bibel oder nicht einmal in der Kirchengeschichte begründet sind. Sogar diese beiden Kriterien selbst erscheinen problematisch, wenn wir uns klarmachen, dass die Bibel immer durch Menschen ausgelegt wird und alle Menschen ihre sozialen Umfelder und ihre Vorurteile haben, denen sie anhängen. Dennoch: Gehen wir vom letzten Kapitel aus und suchen wirklich nach den Worten Jesu. Wenn wir fragen: *Woher kommt diese Überzeugung?*, wollen wir wissen, ob sie direkt von Jesus stammt oder ob sie so klingt, als könne er – nach allem, was wir durch die Bibel über ihn wissen – etwas dergleichen gesagt haben. Im Zusammenhang mit dieser Feststellung sage ich meinen Gesprächspartnern gern, dass ich nicht deshalb an Jesus glaube, weil ich an die Bibel glaube. Vielmehr glaube ich an die Bibel, weil ich an Jesus glaube. Man kann seine Mühe haben mit allen möglichen Bekenntnissen und Dogmen und trotzdem ein Mensch sein, der Jesus aufrichtig nachfolgt. In Jesus sind nicht die Grundlagen des christlichen Glaubens grob zusammengefasst; Jesus umfasst vielmehr seinerseits den ganzen christlichen Glauben vollkommen. Wenn wir unsere Frage einmal anders stellen, lautet sie: *Was hat Jesus zu diesem konkreten Thema zu sagen?*

Ich muss dich warnen: Diese Frage wird Spannungen in dir hervorrufen. Die Antwort darauf wird nicht selten Schritte der Umkehr erfordern, und zwar von dir.

Ja, genau.

Der Christ muss bereit sein, gegenüber dem Skeptiker Buße zu tun, wenn die beiden berechtigterweise problematische Überzeugungen und Praktiken aufdecken. Wir müssen bereit sein, Jesus aus der Religion hinauszufolgen. Das ist ein Teil dieses Weges.

2. Wem nützt diese Überzeugung oder Praxis?

Diese Frage wird den amerikanischen Traum infrage stellen. Wenn wir diese Frage stellen, streichen wir unser Eigeninteresse aus der Gleichung. Es ist eine unglaublich wichtige Frage, die wir uns selbst stellen müssen, besonders wenn wir schon lange im Einflussbereich des westlichen Evangelikalismus leben. Da Jesus in seiner göttlichen Autorität als Maßstab für den Glaube und seine Ausübung gilt, müssen wir uns daran erinnern, wie er über Unterdrückung und über die Unterdrückten sprach. »Der Geist des Herrn ruht auf mir, denn er hat mich gesalbt, um den Armen die gute Botschaft zu verkünden. Er hat mich gesandt, Gefangenen zu verkünden, dass sie freigelassen werden, Blinden, dass sie sehen werden, Unterdrückten, dass sie befreit werden und dass die Zeit der Gnade des Herrn gekommen ist« (Lukas 4,18-19). Einfach ausgedrückt: Wenn die Überzeugung oder Praxis, um die es geht, nicht denen zugutekommt, die arm sind (ganz gleich, in welcher Hinsicht), dann muss sie zwangsläufig anderen zugutekommen. Wer sind diese anderen? Oder, was noch wichtiger ist: Sind wir diese anderen, und ist das der Grund dafür, dass wir diese Überzeugung oder Praxis nicht aufgeben können?

Oft kommt das Thema Geld auf, wenn Menschen Aspekte des Christentums dekonstruieren. Genauer gesagt, die Steuerbefreiung von Gemeinden und Kirchen. Viele Menschen, die sich mit diesem Thema auseinandersetzen, fragen sich, warum Gemeinden wie ein Unternehmen arbeiten können, aber keine Steuern zahlen müssen. Wenn einige Gemeinden jährlich Hunderte von Millionen Dollar einnehmen, ihre Gehälter auf der Grundlage von Wachstumskennzahlen festlegen, ihren Mitarbeitern Boni geben und all das auf der Grundlage der biblisch begründeten Pflicht, den Zehnten zu geben, tun, müssen wir fragen: *Wem nützt diese Praxis?*

Ich habe mit meinem Freund Bischof Walter Harvey über dieses Thema gesprochen. Bischof Harvey ist der Geschäftsführer der *Prism Economic Development Corporation* und Vorstandsvorsitzender der *National Black Fellowship of the Assemblies of God.* Seine Sicht als Afroamerikaner auf die Steuerbefreiung aller Kirchen war gelinde gesagt aufschlussreich. Während des Wahlkampfes 2020 hatten Christen in den USA Sorge, dass die Wahl des »falschen« Kandidaten die Steuerbefreiung, die Gemeinden und christliche Universitäten genießen, beeinträchtigen würde. Einige gingen sogar so weit, dies als Verfolgung zu bezeichnen. Bischof Harvey hatte sichtlich Mühe, die Sache durch die Brille eines Evangelikalen zu sehen, als er mir die beiden Fragen *Woher kommt diese Praxis?* und *Wem nützt sie?* beantwortete.

Harvey erklärte mir, dass der sogenannte 501(c)-Status 1954 während der aufkommenden Bürgerrechtsbewegung eingeführt wurde. Obwohl es seit 1894 Ausnahmen gab, wurde erst 1954 die moderne Steuergesetzgebung eingeführt, die religiösen Organisationen die Steuerbefreiung ermöglicht, unter der Voraussetzung, dass sie ihre politischen Aktivitäten einschränken.[83] 1934 wurden Einschränkungen für Lobbyarbeit verabschiedet; aber 1954 wurde die Einschränkung von Äußerungen zu jeglichen Themen festgelegt, die als »politisch« galten.[84] Einfach ausgedrückt: Der 501(c)-Status wurde eingeführt, um die Macht der weißen evangelikalen Segregationisten zu stützen. Es war Schweigegeld. Schwarze Pastoren, die sich zu Fragen der Rassenungerechtigkeit äußerten, konnten einen steuerbefreiten Status erhalten, wenn sie aufhörten, sich dazu zu äußern. Daran sieht man gut, wie wichtig es ist zu fragen: *Wer profitiert davon?*

Auch wenn Evangelikale häufig behaupten, dass die Bibel die Quelle ihres sozialen und politischen Engagements ist, muss der Evangelikalismus eher als eine kulturelle und politische Bewegung gesehen werden und nicht als eine Gemeinschaft, die sich in erster Linie durch ihre Theologie definiert.[85]

3. Wem schadet diese Überzeugung oder Praxis?

Vielleicht fühlt es sich nur wie eine subtile Verschiebung gegenüber Frage Nr. 2 an *(Wem nützt diese Überzeugung oder Praxis?)*, aber ich versichere dir, dass die Unterscheidung an dieser Stelle alles andere als Haarspalterei ist. Mit der zweiten Frage werden wir uns unserer selbst bewusst, indem wir uns demütig eingestehen, dass wir möglicherweise die Nutznießer einer bestimmten Idee oder einer bestimmten Überzeugung sind. Indem wir fragen, *wem sie schadet*, werden wir uns der Tatsache bewusst, dass wir nicht nur davon profitieren, sondern vermutlich auch dazu beitragen, anderen zu schaden.

Eines der offensichtlichsten Beispiele, das mir dazu einfällt, ist die Lehre, dass es Frauen nicht erlaubt ist, Männer zu unterrichten. Nach dieser Auffassung müssen sich Frauen der Autorität des Mannes unterordnen. Auch ohne näher darauf einzugehen, wie sehr diese Idee missbraucht wurde und wie viele Menschen dadurch geistlich verletzt wurden, ist es leicht zu erkennen, wer mit dieser Lehre und Praxis geschädigt wird: die 49,6 Prozent der Weltbevölkerung, die weiblich sind. Als Vater von zwei Töchtern kann ich mir nicht vorstellen, ihnen beizubringen, dass die ersten Augenzeugen der Auferstehung Jesu Frauen waren, sie selbst aber in der Gemeinde von heute nicht lehren dürfen. Wenn Jesus das gesamte Zeugnis seiner Auferstehung auf die Aussage einer Frau gestützt hat, warum können wir dann nicht zulassen, dass eine Frau von der Kanzel aus über das Zeugnis von Christus spricht?

Ganz zu schweigen von dem Schaden, den eine Familie erleidet, wenn einer Frau beigebracht wird, sich der Autorität eines Mannes zu unterwerfen, allein aufgrund der Tatsache, dass er männlich ist. Leider haben die Horrorgeschichten, die du und ich im Zusammenhang mit dieser Lehre gehört haben, dazu geführt, dass eine ganze Generation geradezu von der Kirche wegkatapultiert wurde. Wenn du von klein auf erlebt hast, wie ein Mann seine Autorität zu seinem persönlichen Vorteil missbraucht hat, wie wahrscheinlich ist es dann, dass du der Autorität des Mannes vertraust, der Gott ist – Jesus Christus?

Willkommen im Prozess

Unsere Familie kennt Jessica nun schon seit fast sieben Jahren. Jessica ist Therapeutin und hat sich auf Traumata spezialisiert. Viele Klienten wenden sich an sie, um Hilfe bei seelischen Traumata zu erhalten, und sie betreut den Instagram-Account *Welcome to the Process.*[86]

Als wir in Denver eine Gemeinde gründeten, war Jessica die erste Person, die aus Texas zu uns zog und sich unserem Team anschloss. Sie war Gastgeberin beim ersten Treffen des Doubters' Club, moderierte im Gottesdienst und leitete all unsere Gebetstreffen, die diesen Veranstaltungen vorausgingen. Jessica verbrachte einen Großteil der Jahre, die sie entscheidend prägten, auf einer Bibelschule und mit Mitarbeit in Gemeinden. Sie weiß, was in der Bibel steht. Sie weiß, wie man Christ ist. Und sie weiß, wie man beides dekonstruiert.

Wir hatten seit Jahren nicht mehr miteinander gesprochen, aber ich wusste, dass dieses Buch ohne ihre Stimme unvollständig bleiben würde. Nach einem kurzen persönlichen Austausch über »Wie geht es den Kindern?« und »Wie läuft es gerade bei dir?« stürzten wir uns in ihre Dekonstruktionsreise.

Als ich Jessica fragte, was Dekonstruktion ist, antwortete sie: »Bei der Dekonstruktion geht es darum, die eigenen Überzeugungen Stück für Stück auseinanderzunehmen. Ich tue dies, indem ich mir Fragen stelle wie *Woher kommen meine Überzeugungen?*, *Wem nützen sie?* und *Wem schaden sie?*. *Ganz ehrlich: Bringt das mehr Nutzen als Schaden?* Es ist wichtig, sich selbst zu erlauben, alles auf den Kopf zu stellen.«

»Bei der Dekonstruktion geht es darum, die eigenen Überzeugungen Stück für Stück auseinanderzunehmen.« ***Jessica***

Sie nannte einige konkrete Überzeugungen, die diese Art von Kreuzverhör durchlaufen haben. Dann sagte sie etwas, von dem ich weiß, dass es für viele meiner anderen Interviewpartner genauso gilt.

»Die Leute würden mich nicht mehr als Christin bezeichnen, obwohl ich immer noch Jesus habe. Das ist okay für mich. Ich lebe nach meinen Werten und meinem Glauben an Jesus.«

Jessicas Werte haben sich immer um die Gesundheit und das Wohlbefinden anderer Menschen gedreht. Als sie nach Denver zog, arbeitete sie zunächst als Kindermädchen, um eine Familie zu unterstützen, die eine Kinderbetreuung brauchte. Das ist nur ein Beispiel für die vielen Male, bei denen sie egoistischen Ambitionen zum Wohle anderer widerstanden hat.

»Was hat dich dazu gebracht, deinen Glauben zu hinterfragen, Jess?«, fragte ich.

»Ich glaube nicht, dass es einen einzigen Auslöser gab. Die Kirche ist mein sicherer Hafen, und sie hat mich nie verletzt, wie so viele andere. Aber ich erinnere mich, dass ich in der Mittelstufe Freunde hatte, die schwul waren. Und dass man mir gesagt hat, sie kämen in die Hölle. Schon damals habe ich versucht, herauszufinden, wo in der Bibel steht, dass Homosexuelle in die Hölle kommen. Und in letzter Zeit hat die Art und Weise, wie Evangelikale auf Trump reagiert haben, viel dazu beigetragen, dass ich zum Christentum auf Abstand gegangen bin.«

Sehen wir uns diese Antwort noch einmal an. Erstens nennt Jessica konkrete Einzelheiten – die Behandlung von Homosexuellen und die Befürwortung von Donald Trump. Dann versucht sie herauszufinden, woher diese Ideen und Überzeugungen stammen. Ob instinktiv oder aufgrund einer Haltung, die sie entwickelt hatte, sie wusste jedenfalls, dass das, was gelebt wurde (der Buchstabe des Gesetzes), nicht mit dem Geist des Gesetzes (ihren Werten) übereinstimmte. Auch wenn es schwerfällt – es ist an der Zeit zu verstehen, *warum die Dinge so sind, wie sie sind.* Die amerikanische Kulturkritikerin Laura Kipnis hat recht: »Emotionale Beschwerden werden [heute] als gleichwertig mit körperlicher Verletzung angesehen, und alle Verletzungen müssen geheilt werden.«[87]

Dieser Prozess des Erforschens und Verstehens ist unverzichtbar, wenn der Weg eines Menschen durch die Dekonstruktion authentisch sein soll.

Müssen wir glauben, dass das Gesetz wahr ist, oder müssen wir dem Geist des Gesetzes entsprechend handeln?

Warum uns Umkehr so schwerfällt

Leider ist die Erneuerung unseres Denkens tatsächlich eines der schwierigsten Dinge, die wir in Angriff nehmen können. Wir sollten nicht vergessen, dass Umkehr in Bezug auf Geisteshaltungen bedeutet, Überzeugungen und Praktiken aufzugeben, die uns lange sehr wichtig waren. Und sosehr wir auch versucht sind zu glauben, dass der Ruf zur Umkehr der Welt gilt und nicht der Kirche, so wahr ist doch: Jesus richtet dieses Wort viel mehr an die Religiösen als an die Nichtreligiösen. Jesus weiß, dass ein Glaube ohne Umkehr ein schädlicher, wirkungsloser Glaube ist. Wie der Großteil meiner Interviews gezeigt hat, sind die drei wichtigsten Gründe, warum Kirchen und Gemeinden sich weigern zu erkennen, welche Überzeugungen unbiblisch sind, folgende:

1. Wir Christen sehen die Welt nicht so, wie sie ist. Stattdessen sehen wir die Welt durch unsere voreingenommene Perspektive.

Unsere Erziehung.

Unsere Lebensgeschichten.

Unsere Erfahrungen damit, was für uns funktioniert.

All das ist entscheidend dafür, wie wir in der Welt auftreten. Einer der wirkungsvollsten Schritte, die du nach der Lektüre dieses Buches gehen kannst, ist dieser: Gib gegenüber deinen Freunden oder Familienmitgliedern, die dem Glauben skeptisch oder ablehnend gegenüberstehen, zu, dass du die Welt durch eine »Ich-Brille« siehst. Wenn die meisten Menschen dich als einen Christen erleben, der sich seiner Überzeugungen sicher ist, wäre dieses Eingeständnis erfrischend, um es vorsichtig auszudrücken. Es würde deinem Gesprächspartner die Freiheit geben, noch einmal neugierig zu werden. Mit dir. Und auf dich.

Während ich diese Zeilen schreibe, sind meine Töchter noch jung genug, um Lisa und mich für die tollsten Menschen der Welt zu halten. Neun und sieben Jahre ist so ein tolles Alter. Ich gehe fest davon aus, dass ich sie besuchen werde, wenn sie erwachsen sind, und sie als Familie unterstütze, falls sie Kinder haben. Ich rechne außerdem damit, dass sie dann andere Familienregeln haben werden als wir. Wenn meine Töchter erwachsen sind, werde ich sie in ihrem Haus besuchen, in dem ihre Regeln gelten. Vielleicht wird es eine Regel geben, dass die Kinder um 20 Uhr ins Bett müssen, oder vielleicht ist es dann tabu, über Politik zu reden. Ich werde mich an ihre Regeln halten müssen. Es bekommt uns allen nicht gut, wenn ich bei einer ganzen Reihe von Themen auf meiner Sicht der Dinge beharre.

Dasselbe gilt, wenn wir mit Menschen über die Welt sprechen. Wir dürfen uns nicht als die Vermittler der Wahrheit sehen. Wir versuchen, Menschen zu helfen, in Gottes Haus zu gelangen. Und die Regeln in Gottes Haus sind anders, als wir es vielleicht erwarten würden. Sie beginnen und enden mit der Autorität Jesu, des Einen, der die Liebe ist. Zu seiner Hausordnung gehört es, zu verstehen, warum etwas so ist, wie es ist. Menschen helfen zu wollen, die Welt durch unsere Voreingenommenheit zu sehen, schafft eine unnötige Barriere. Außerdem lautet die Hausordnung: Wir müssen uns bemühen, die Welt so zu sehen, wie sie ist. Nämlich geliebt von Gott und erlöst durch Christus. Jede unserer Regeln, die nicht dem Wesen Jesu entspricht, das Liebe ist, gehört nicht ins Haus Gottes.

Gib gegenüber denen, die dem Glauben skeptisch oder ablehnend gegenüberstehen, zu, dass du die Welt durch eine »Ich-Brille« siehst.

2. Uns Christen sind die Gefühle unangenehm, die Dekonstruierende in uns auslösen.

Ich habe die Vermutung, dass der Heilige Geist deshalb der große Tröster genannt wird (Johannes 16,7), weil wir nicht dazu bestimmt sind, ein Leben in unserer Komfortzone zu führen. Vielleicht ist das der Grund, warum Jesus sich in seiner eigenen Haut immer wohlzufühlen schien. Er war vom Heiligen Geist erfüllt, lebte in einer unerschütterlichen Identität und schien sich in keiner Situation unwohl zu fühlen. Ob er nun mit den »Fressern und Säufern« zusammensaß oder auf seine Hinrichtung wartete, Jesus zeigte sich der Welt nie als jemand, dem eine Situation unangenehm war. Wir hingegen sind alle Katastrophen, die nur darauf warten, dass sie sich ereignen.

Wir halten an Traditionen und Praktiken fest, weil wir nichts anderes kennen. Etwas Neues auszuprobieren, bedeutet, sich extrem unwohl zu fühlen, und wer lässt sich schon gern freiwillig auf so was ein? Ich kenne Pastoren, die nicht zu Hochzeiten gehen, weil dort getanzt wird, und ich kenne Tänzer, die nicht in Kirchen gehen, weil dort gepredigt wird. Der Unterschied ist, dass eine dieser Gruppen behauptet, sie folge dem Gesetz der Liebe.

Wenn die Handlungen und Ansichten einer Gruppe von Menschen dir Unbehagen bereiten, du aber von dir sagst, dass du Christ bist, befindest du dich in guter Gesellschaft. Der Heilige Geist ist da, um dir seinen Trost zu schenken. Ich glaube, dass der Geist Gottes der Geist hinter dem Gesetz ist. Es ist der Geist Gottes, der uns von Verurteilung, Menschenfurcht und einer gesetzlichen Denkweise, die andere ausschließt, befreien wird.

3. Wir glauben nicht, dass andere Sichtweisen Wahrheit enthalten könnten. Wir denken, dass in Fragen der Moral allein die Christen die Wahrheit beanspruchen können.

Es kann ein sehr schmerzhafter Prozess sein, die Sichtweise eines anderen gelten zu lassen. Vor allem, wenn dieser andere nicht der Typ Christ ist, der man selbst ist. Oder wenn er jünger ist als man selbst. Oder älter. Es erfordert zwei schwer zu ertragende Eingeständnisse: Ich hatte unrecht, und du hast recht. Hinzu kommt die Schwierigkeit, dass es um den Geist des Gesetzes geht. Selbst wenn du recht hast, der andere aber eher handelt wie Jesus, wessen Verhalten wird Gott dann eher gefallen?

Dann erzählte Jesus ein paar Leuten, die sehr selbstgerecht waren und alle anderen mit Geringschätzung behandelten, folgendes Gleichnis:

»Zwei Männer gingen in den Tempel, um zu beten. Der eine war ein Pharisäer, der andere ein Steuereintreiber. Der stolze Pharisäer stand da und betete: ›Ich danke dir, Gott, dass ich kein Sünder bin wie die anderen Menschen, wie die Räuber und

die Ungerechten, die Ehebrecher oder besonders wie dieser Steuereintreiber da! Denn ich betrüge niemanden, ich begehe keinen Ehebruch, ich faste zwei Mal in der Woche und gebe dir regelmäßig den zehnten Teil von meinem Einkommen.‹ Der Steuereintreiber dagegen blieb in einigem Abstand stehen und wagte nicht einmal den Blick zu heben, während er betete: ›O Gott, sei mir gnädig, denn ich bin ein Sünder.‹
Ich sage euch, dieser Sünder – und nicht der Pharisäer – kehrte heim als ein vor Gott Gerechtfertigter. Denn die Stolzen werden gedemütigt, die Demütigen aber werden geehrt werden.«
LUKAS 18,9-14

Das erinnert mich an C. S. Lewis' Romanfigur Ransom in seinem Buch *Jenseits des schweigenden Sterns.* Ransom plant, sich ein Jahr lang von seiner Lehrtätigkeit in Cambridge freistellen zu lassen, wird dann jedoch entführt und in ein Raumschiff auf dem Weg nach Malakandra (Lewis' fantastische Version des Mars) gesetzt. Er ist als Opfer für die malakandrischen Kreaturen (Seroni genannt) vorgesehen. Zu seiner Überraschung erlebt er die monatelange Reise als eine Art spirituelles Erwachen. Anstelle von Untergang und Dunkelheit ähneln seine Erfahrungen den Zeichen des Himmels. Das Buch ist lang und manchmal weitschweifig, aber es lohnt sich, es so oft immer wieder zu lesen, bis man es verstanden hat. Ransoms Angst vor dem Weltraum ist ähnlich groß wie die Angst vieler Christen vor der Dekonstruktion.

Wir sind alle verrückt

Ich sprach in einer Gemeinde in Seattle über Glaube und Zweifel. Ich hatte dort vorher noch nie gepredigt, aber ich konnte feststellen, dass das Publikum gemischt war. Einige Leute folgten mir gespannt, während andere am liebsten gegangen wären. Eine Dame wippte mit dem Bein und machte sich Notizen. Eine sehr verwirrende Kombination von Verhaltensweisen. Als sie mich unmittelbar nach dem Gottesdienst ansprach, wollte sie wissen: »Gibt es in Arkansas irgendwo einen Doubters' Club? Bitte sagen Sie mir, dass es so ist!«

»Tut mir leid«, antwortete ich. »Aber ich glaube nicht. Ich werde es überprüfen, sobald ich wieder an meinem Computer bin.«

»Mein Sohn lebt dort, und er ist ein Zweifler.« Damit meinte sie eigentlich, dass er Agnostiker ist. Es dauert immer eine Weile, bis die Leute erkennen, dass Zweifler und Christen ein und dasselbe sind. »Er ist dorthin gezogen, um zu studieren, und plötzlich fing er an, jede Kleinigkeit am christlichen Glauben zu überdenken. Das ist sein Problem. Er denkt darüber nach, woher all unsere Überzeugungen kommen.«

»Meine Dame«, sagte ich, »Nachdenken ist etwas sehr Gutes! Wenn wir nicht über unsere Überzeugungen nachdenken, geraten wir in Schwierigkeiten. Haben Sie versucht, ihn zu verstehen?«

»Nein! Ich ändere meine Meinung nicht«, rief sie.

Ich beschloss, eine klärende Frage zu stellen. »Sagt Ihr Sohn denn von sich, er sei Christ?«

»Ja. Aber er glaubt nicht so, wie wir glauben.«

Jetzt wusste ich, dass wir es hier mit einer starken Voreingenommenheit zu tun hatten, die meist in einer bestimmten Art von Frömmigkeit wurzelt.

Und das ist die Lektion, die ich aus meinem Gespräch mit dieser Frau gelernt habe: Sei nicht der Erste, der jemanden als »unchristlich« bezeichnet, und nicht der Letzte, der sich mit seinen eigenen Traditionen auseinandersetzt. Lerne, das Wissen zu lieben. Wie C. S. Lewis schrieb: »Die Liebe zum Wissen ist eine Art Wahnsinn.«[88]

8

SCHRITT 3: REDE ÜBER DIE AUSWIRKUNGEN

Jesus war kein Theologe. Er war Gott, der Geschichten erzählte.

ZITIERT IN MADELEINE L'ENGLE, WALKING ON WATER

Schlimmer? Wie könnte es noch schlimmer werden? Sieh dich doch um, Ellen. Wir stehen an der Schwelle zur Hölle!

CLARK GRISWOLD IN SCHÖNE BESCHERUNG

»Papa, erzähl uns eine Geschichte!«, bitten mich meine Kinder jeden Abend.

Ich kann ihnen immer eine Geschichte vorlesen, aber sie mögen es lieber, wenn ich ihnen eine Geschichte aus meiner eigenen Kindheit erzähle. Geschichten über mein Leben machen meine Kinder mit einer Version von Papa bekannt, die sie nie kennengelernt haben. Sie wollen wissen, wie das Leben für mich war, als ich so alt war wie sie, oder wie ihre Mutter und ich uns kennengelernt haben. Ich war als Jugendlicher ein Risikofreak, ich bin mit dem Skateboard von Dächern gesprungen. Ich habe in der Highschool einen Schulhofschläger geschlagen, ohne mich von ihm zurückschlagen zu lassen (so erzähle ich es zumindest). Ich bin einer Kuhherde entkommen, die meinen Vater und mich einen Abhang hinunterjagte. Jeden Abend machen meine Mädchen es sich gemütlich und warten auf eine neue Folge von *Mein Dad war so viel cooler, als er noch ein Kind war.* Ich liebe es!

Bei meinen Geschichten darüber, wie ich Freunde gewann und Freunde verlor, haben meine Kinder gelacht und Tränen vergossen. Es ist bei uns ein allabendliches Spiel geworden: Ich erzähle ihnen eine wahre Geschichte aus meinem Leben und übertreibe ein wenig. Piper und Brennan haben die Aufgabe, »Übertreibung!« zu rufen, wenn sie etwas hören, was hanebüchen klingt. Manchmal sind sie so gefesselt von der Großartigkeit meiner Abenteuer, dass sie vergessen, mich zu unterbrechen. Dann mache ich eine kurze Pause, damit sie meine Flunkerei bemerken. Piper fängt langsam an zu lächeln und schaut Brennan an, um zu sehen, ob sie es auch erkannt hat. Brennan springt aus dem Bett, zeigt mit dem Finger auf mich und schreit: »Übertreibung!«, als wäre es ihre Idee gewesen. Heute ging es in der Geschichte um meine Improvisationstheatervorstellung in der Highschool. Ich musste improvisieren, weil ich vergessen hatte, zu lernen, und an diesem Tag ein Test anstand.

»Übertreibung!«, rief Brennan.

»Nein, Schatz. Ich habe in der Highschool nicht viel gelernt. Und jetzt ab ins Bett.« Das war nicht mein bester Abend.

Unterstelle keine Übertreibung

Nach übertriebenen Fakten in einer Geschichte zu suchen, ist ein lustiges Familienritual beim Zubettgehen, aber wenn die Kirche dasselbe gegenüber ihren eigenen Leuten tut, ist das vernichtend.

Viele Pastoren, die ich kenne, sind der Meinung, dass Geschichten über Verletzungen durch Gemeinden oder einzelne Christen in den sozialen Medien übertrieben und dann in Podcasts verbreitet werden. Was, offen gesagt, das Problem nur noch verschlimmert. Im Gespräch mit vielen Nicht- und Ex-Christen habe ich festgestellt, dass sie nicht übertreiben.

Wenn ein Christ eine Geschichte über seine Erfahrungen mit der Kirche erzählt, hat sie Gültigkeit, weil es das ist, was er erlebt hat. Die Annahme, Dekonstruierende würden sich Dinge ausdenken oder übertreiben, ist respektlos, herablassend und inakzeptabel. Manche Menschen haben wirklich Schlimmes in der christlichen Gemeinschaft erlebt, und sie müssen darüber sprechen können. Im Rahmen der 4-Schritte-Strategie zur Dekonstruktion muss es für Christen und Nichtchristen Raum geben, sich darüber auszutauschen, was sie erfahren haben und wie es sich auf sie ausgewirkt hat. Dieser Austausch sollte sowohl das, was beide dazugelernt haben, als auch ihre persönlichen Erfahrungen umfassen.

Die Annahme, Dekonstruierende würden sich Dinge ausdenken oder übertreiben, ist respektlos, herablassend und inakzeptabel.

In ihrem Buch *Sacred Wandering* vermittelt Dana Arcuri ein klares Bild davon, wie Jesus die Menschen ihre Geschichten erzählen lassen würde:

> *Jesus würde Vertreter der Glaubensgemeinschaft, die sich schuldig gemacht haben, indem sie andere verletzten, öffentlich darauf ansprechen. Er würde nicht schweigend dabeisitzen und sich zurücklehnen. Er würde die Beweise nicht vernichten. Oder Missbrauch vertuschen. Außerdem würde er Menschen, die ein Trauma erlitten haben, niemals ignorieren, verurteilen oder meiden. Er würde nicht sagen: »Komm endlich drüber weg.«*[89]

Jesus würde nicht sagen: »Komm drüber weg«, weil er selbst nicht darüber hinwegkam. Die Menschen, die von den religiösen Führern verletzt und zum Schweigen gebracht wurden, waren für Jesus wertvoll und heilig.

Chads Geschichte

Chad besitzt nicht die Gabe, irgendjemanden, der ihm über den Weg läuft, zu übersehen. Er hat zwei Jobs, beide im Kundendienst. Morgens ist er im Verkauf tätig, nachmittags kutschiert er für einen Parkservice einige der schönsten Fahrzeuge der Stadt durch die Gegend. Chad hat einige weit hergeholte Geschichten darüber zu erzählen, wie Kunden ihn behandelt haben. Aber er zieht es vor, über die edlen Karossen zu sprechen, die er gefahren hat. Manche waren so edel, dass er den Türknauf nicht finden konnte, um einzusteigen. Wir müssen beide lachen, als Chad von diesen Erlebnissen erzählt. Aber wir hören auf zu lachen, als er über Religion spricht. Ich wünschte, ich könnte sagen, dass auch diese Berichte weit hergeholt sind, aber in Wirklichkeit hält Chad wohl eher noch mit einigen Details hinterm Berg.

Seine Kindheit im ländlichen Amerika hat Chad stark geprägt. Fast hätte er seine Abwendung vom Glauben darauf geschoben. Seine Familie war durch und durch evangelikal und engagierte sich in der Gemeinde. Der Segen – und der Fluch – des Lebens in einer Kleinstadt ist, dass jeder dich kennt. Das heißt, jeder weiß, was du so treibst. Man hat Erwartungen an dich, wer du sein wirst, wenn du erwachsen bist, wie du das Familienunternehmen führen wirst und was für ein Mädchen du heiraten wirst. Alles falsche Prophezeiungen, soweit es Chad betrifft.

»Ich hatte mit den meisten Leuten aus der Stadt nicht viel zu tun«, sagte er mir. »Sie waren engstirnig und lachten über die Art Menschen, die ich gern in meinem Leben gehabt hätte. Ich wollte mit Leuten befreundet sein, die sich für die Gemeinschaft einsetzten. Menschen, die mit ihrem Leben etwas veränderten.« Er nippte an seinem Kaffee und lachte beinahe wieder, als er mir Geschichten über seine Kindheit und Jugend erzählte. Eine der Baristas unterbrach uns, um ihn zu begrüßen. Jeder kannte Chad, weil Chad sich seinerseits für jeden interessierte.

»Darf ich dich etwas fragen?« sagte ich, als wir unser Gespräch wieder aufnahmen.

»Klar. Worum geht's?«

»Was hat dich dazu gebracht, deinen Glauben aufzugeben?«, fragte ich.

Zum ersten Mal war kein Grinsen oder Lächeln auf Chads Gesicht zu sehen. Und hier ist seine Antwort:

»Das ist es ja gerade. Es war nie mein Glaube. Aber ich schätze, was den Ausschlag gegeben hat, waren die Erfahrungen, die ich damit gemacht habe. Meine Geschichte kam bei den Pastoren und Gemeindemitgliedern nicht gut an. Als ich in der Highschool war, ging ich zum Direktor und sagte ihm, dass ich mit einem Jungen zum Abschlussball gehen wollte. Der Direktor hat es nicht erlaubt. Ich ließ ihn wissen, dass ich schwul bin. Ich dachte, wenn er sich kurz in meine Lage versetzen würde … und was dann kam, machte mich wirklich wütend. Der Direktor sah mich an und sagte: ›Das ist dein Problem, Chad. Hör einfach auf, schwul zu sein!‹«

Das ist schlimm genug. Aber es war noch nicht das Schlimmste. Ich wünschte, das Nächste, was Chad erzählte, wäre eine Übertreibung.

»Die Gemeinden in meiner Stadt waren alle so klein, dass die Pastoren oft noch eine andere Tätigkeit nebenbei finden mussten. Mein Schuldirektor war gleichzeitig mein Pastor. Weißt du, wie es sich anfühlt, wenn man mir sagt, dass es mein Problem ist, dass ich mich zu Männern hingezogen fühle? Zwei Jahre später kam dann heraus, dass mein Pastor eine Affäre hatte.«

Ich fand keine Worte, um Chad zu antworten. Wie verteidigt man den christlichen Glauben, wenn die Christen in der Geschichte eher wie unaufrichtige Heuchler aussehen und nicht wie ihr liebevoller Gott, zu dem jeder kommen kann, wie er ist? Chads Geschichte könnte dem Hindu-Philosophen Swami Vivekananda recht geben, der sagte: »Es ist besser, ein unverblümter Atheist zu sein, als ein Heuchler.«[90] Nachdem Chad die Highschool abgeschlossen hatte, zog er für zwei Jahre an die Ostküste. Da er dort nicht die Antworten fand, die er brauchte, ging er für eine Weile an die Westküste. Sein Ziel war, zu studieren und Antworten auf die Fragen des Lebens zu finden. Die Kirche scheint ihm dabei nicht sehr geholfen zu haben. Oder, wie man in den Filmen sagt, er musste »die Biege machen«. Ich sagte ihm, er erinnere mich an Dr. Strange aus dem Marvel-Film *Get Outta Dodge*, dessen Titel genau das ausdrückt. Darin begibt sich Stephen Strange nach einer Verletzung auf eine Suche nach Heilung für seinen Körper und seine Seele, die ihn um die ganze Welt führt. Die Heilung, die er braucht, ist ein spirituelles Erwachen, das am Ende zu seiner Superkraft wird. Seine Heilung heilt am Ende die Welt. An diesem Punkt konnte Chad wieder lachen.

»Ich habe kein Interesse mehr daran, mich jemals wieder als Christ zu bezeichnen, Preston.«

Ich nickte. »Vergiss einfach, ob du dich Christ nennst oder nicht. Was hast du über Jesus gelernt? Wenn man die Religion mal außer Acht lässt, war es hilfreich für dich, etwas über ihn zu erfahren?«

»Das ist interessant«, sagte er. »Wenn ich etwas über Jesus erfuhr, hatte ich inneren Frieden. Es waren die, von denen ich etwas über ihn lernte, die mich misstrauisch werden ließen.«

Bingo.

Dieser letzte Satz war der Schlüssel, um ein uraltes Prinzip zu erschließen, wie wir mit Skeptikern über unseren Glauben reden können. Wenn Verletzungen durch Gemeinden oder andere Christen ein Thema sind, müssen wir Vertrauen aufbauen, bevor wir Jesus als vertrauenswürdig darstellen können. Deshalb ist es für den Prozess so wichtig, dass wir Raum dafür schaffen, über die Auswirkungen unserer Geschichten und Erfahrungen zu sprechen.

Um über religiöse Traumata und geistlichen Missbrauch zu sprechen, muss man in der Regel Narben haben, die zeigen, dass man das alles durchgemacht hat. Nur wenige in der Kirche haben sich das Recht verdient, über dieses Thema zu sprechen. Also verteidigen wir uns stattdessen. Oder schlimmer noch, wir verteidigen den Missbrauchenden, den wir nicht einmal kennen. Nur weil er behauptet, Christ zu sein. Ich weiß nicht, wie es dir geht, aber manchmal fällt es mir schwer, mich als Christ zu bezeichnen. Nicht, weil ich mich für Jesus schäme. Ganz im Gegenteil! Sondern weil ich mir Sorgen mache, dass das Wort *Christ* den Jesus, der meiner Meinung nach religiösen Missbrauch in die Schranken gewiesen hat, nicht richtig repräsentiert. Wir müssen bereit sein, den Chads dieser Welt zuzuhören, wenn wir die dekonstruierende Bewegung zurückgewinnen wollen. Über die Auswirkungen dessen, was wir gelernt – und was wir gelebt – haben, zu sprechen, ist der Schlüssel zum Aufbau des Vertrauens, das es braucht, um den Weg der Ungewissheit gemeinsam zu gehen.

Wir müssen Raum dafür schaffen, über die Auswirkungen unserer Geschichten und Erfahrungen zu sprechen.

Um unsere Geschichten erzählen zu können, müssen wir miteinander reden, und um miteinander reden zu können, müssen wir einander zuhören. Zuhören ist der wichtigste Weg, um Vertrauen zu gewinnen, und Vertrauen ist die Voraussetzung dafür, dass es überhaupt eine Brücke zwischen der aktuellen Situation in der Geschichte eines Menschen und den Kapiteln gibt, die noch nicht geschrieben sind. Laut Judith Glaser in *Conversational Intelligence* ist unser Gehirn so beschaffen, dass es das Erzählen von Geschichten benötigt, damit wir uns von Misstrauen zu Vertrauen bewegen.[91] Dies ist ein bewusster Akt, den die Kirche der Welt schuldet.

Vertrauen als Schlüssel

Hast du schon mal erlebt, dass du in einem Gespräch mit einem Menschen, der den Glauben kritisch sieht, nur daran denken konntest, wie falsch er liegt?

Oder in dem du die ganze Zeit nur auf der Suche nach der nächsten Antwort warst, die du geben könntest?

Ein gemeinsamer, zukunftsfähiger Weg von Christen und Zweiflern führt nicht über Misstrauen.

Vertrauen ist das, was in fast jedem Gespräch zwischen einem Christen und einem Nichtchristen fehlt. Um Vertrauen aufzubauen, muss man Gespräche (ja, Plural) führen, in denen man mehr zuhört als redet. Gespräche sind wie Fäden, wenn auch recht zarte, die unsere Geschichte mit der Person auf der anderen Seite des Tisches verbunden halten. Aber wir sind nur so weit verbunden, wie die andere Person bereit ist, zuzuhören. Nach Glaser sind Gespräche nicht nur ein Austausch von Ideen oder Gefühlen. Gespräche sind die Träger unserer Geschichten, und sie schaffen Realitäten, Perspektiven und sogar neue Denkmuster: »Sie entwickeln und beeinflussen die Art und Weise, wie wir mit anderen in Verbindung treten, uns engagieren, interagieren und sie beeinflussen, und ermöglichen es uns, die

Realität, Denkweisen, Ereignisse und Ergebnisse gemeinschaftlich zu gestalten.«[92] Gespräche sind die Autobahnen, auf denen unsere Geschichten von einem Herzen zum anderen gelangen. Und wenn eine Geschichte ein Herz erreicht, wird es entweder durch sie verändert oder es verändert selbst. In jedem Fall findet eine Transformation statt. Es werden neue Perspektiven eröffnet. Emotionen werden gefühlt. Die Einsamkeit verschwindet. Die Gegenwart Jesu wird spürbar.

Alles Reden über die Komplexität des Gesprächs erscheint sinnlos, wenn man nicht erkennt, dass es wirklich keine andere Möglichkeit gibt, den Weg der Dekonstruktion fortzusetzen, solange man nicht bereit ist, das Vertrauen des Glaubensskeptikers zu gewinnen.

Unsere Gehirne sind so konstruiert, dass sie es zulassen, dass Menschen uns beeinflussen, wenn sie unser Vertrauen erwerben. Auf der einen Seite des Gehirns befindet sich die Amygdala. Das ist der primitive Teil des Gehirns, der Stresshormone in unseren Körper pumpt. Er ist zuständig für die Kampf-oder-Flucht-Reaktion. Jedes Mal, wenn der Körper eine Gefahr wahrnimmt, wird die Amygdala aktiviert. Es ist nicht der Teil des Gehirns, der sich clevere Lügen ausdenkt, um sich aus Schwierigkeiten herauszuwinden, sondern der Teil, der einem sagt, dass man sich sofort eine Lüge ausdenken muss. »Auf der anderen Seite des Gehirns befindet sich der präfrontale Cortex.« Wie Glaser erläutert, »ermöglicht er es uns, Gesellschaften zu bilden, ein gutes Urteilsvermögen zu haben, strategisch zu handeln, schwierige Gespräche zu führen und Vertrauen aufzubauen und aufrechtzuerhalten«.[93] Stell es dir so vor: Wenn du an einem Ort bist, an dem du noch nie warst, und

Gespräche sind die Autobahnen, auf denen unsere Geschichten von einem Herzen zum anderen gelangen.

du hörst ein Rascheln im Gebüsch, sagt dir deine Amygdala, dass es sich um ein Raubtier handelt und du in Deckung gehen musst. Wenn du jedoch das Gebiet kennst, wird dein präfrontaler Cortex schnell zu dem Schluss kommen, dass keine Raubtiere in der Nähe sind, und du kannst das Geräusch weiter untersuchen. Du wirst neugierig, wo du früher ängstlich warst. Ähnlich verhält es sich, wenn wir mit Menschen darüber sprechen, was sie lernen und erfahren und was sie erlebt haben: Wir müssen das Gebiet kennen – noch viel besser, als wir es sowieso schon tun.

Judith Glaser geht sogar noch weiter und kategorisiert verschiedene Teile des Gehirns, damit wir erkennen können, wann in uns Kampf- oder Fluchtreflexe ausgelöst werden. Um zu verhindern, dass wir in den automatischen Absicherungs-Modus verfallen und auf unserem Standpunkt beharren, ist es wichtig, dass wir den Wert des Zuhörens erkennen. Es kann die Art und Weise verändern, wie das Gehirn auf jemanden reagiert, der anders denkt als wir. Hier möchte ich besonders darauf hinweisen, was im Diagramm unten zusammengruppiert ist. Laut Glaser ist unsere Amygdala der Teil unseres Gehirns, der wenig Vertrauen aufbringt. In diesem vertrauensarmen Bereich sind auch die Eigenschaften eines Gegners und eines Skeptikers angesiedelt. In der Mitte unseres Gehirns befindet sich die Kategorie des bedingten Vertrauens. Im Bereich des bedingten Vertrauens ist eine etwas aktivere Eigenschaft zu finden: das Abwarten. Wie bereits dargelegt, ist der vordere Teil unseres Gehirns von hohem Vertrauen geprägt. Hier finden zwei unglaubliche Aktionen statt: Wenn das Vertrauen hoch ist, sind die Menschen bereit, zu experimentieren und mitzugestalten, um ihre Umwelt zu beeinflussen. Die wichtigste Frage lautet also: Wie werden wir vom Gegner zum Mitgestalter? Wie das Diagramm zeigt, geschieht das durch Zuhören.[94]

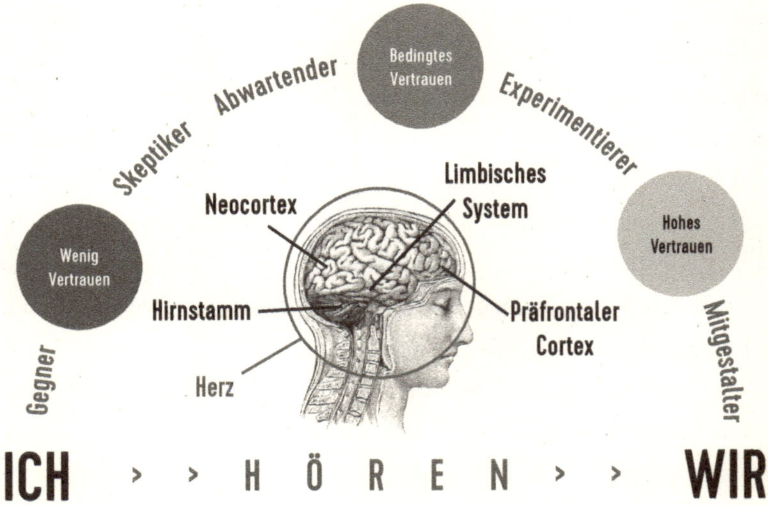

Lass mich einen Einwand vorwegnehmen. Du denkst vielleicht: Was ist, wenn wir zuhören und Vertrauen schenken, aber der andere sich weigert, das Gespräch fortzusetzen? Hier ist eine weitere wissenschaftliche Lektion angebracht. Hast du schon mal von der Wirkung des Spiegelns gehört?

Wie werden wir vom Gegner zum Mitgestalter? Durch Zuhören.

Spiegeln ist die unbewusste Nachahmung der Gesten oder der Körperhaltung einer anderen Person, und es geschieht nur, wenn jemand anfängt, die Gefühle nachzuempfinden, von denen eine andere Person gerade erzählt. Vielleicht erinnerst du dich daran, dass deine Mutter dir gesagt hat, du sollst nicht mit verschränkten Armen dastehen, wenn du ein Gespräch führst. Das ist der Grund! Wer so aussieht, als wäre er verschlossen, demgegenüber werden andere sich verschließen. Der führende Neurologe Marco Iacoboni führt die neurologische Tendenz zum Spiegeln auf die sogenannten »Spiegelneuronen« oder »intelligenten Zellen« zurück.[95] Die Geste des Zuhörens spiegelt wider, wie wir hoffen, dass uns jemand zuhören wird. Mehr noch, sie schenkt uns die Gabe der Empathie. Es ist meiner Meinung nach nicht die Frage, warum Zweifler und Skeptiker den Christen nicht mehr zuhören. Die Wissenschaft hat uns die Antwort gegeben, und die Bibel hat uns ein Vorbild dafür gegeben.

Der Grund dafür, dass Dekonstruierende der Kirche nicht vertrauen, ist, dass die Kirche keine Haltung des Zuhörens vorgelebt hat.

Ich liebe es, wenn die Bibel glänzen kann, wenn die Wissenschaft ins Spiel kommt.

Spiegeln – von Jesus selbst praktiziert

Wie wir in den vorangegangenen Kapiteln gesehen haben, ist Markus 7 einer der besten Texte, wenn es um Dekonstruktion geht. Es ist ein bemerkenswerter Bericht darüber, wie Jesus uns ein Musterbeispiel des Dekonstruierens gibt. Fahren wir fort mit Vers 14-15:

> *Dann rief Jesus die Menge zu sich. »Hört alle genau zu«, sagte er, »und versucht es zu verstehen. Der Mensch wird nicht durch das unrein, was er isst; er wird unrein durch das, was er sagt und tut.«*
>
> MARKUS 7,14-15

Da ist es. Dieses lästige, passive Wort, das uns das Gefühl gibt, nicht viel zu erreichen: *Hört zu*. Nach seinem Gespräch mit den Pharisäern wendet sich Jesus nun an die Menge und fordert die Menschen auf, zuzuhören. Er will zu ihnen darüber sprechen, wie sich die Tradition auswirkt, aber es ist sehr wichtig, dass sie zuerst zuhören. Was passierte mit der inneren Verfassung der Menschen, wenn sie sich entschieden, zuzuhören, wie Jesus für sie eintrat?

Ich stelle mir vor, dass die Gegner in Hörweite seiner Stimme bereit waren, dazubleiben und abzuwarten, wie sich der Dialog entwickeln würde. Vielleicht waren diejenigen, die bereits das Stadium des Abwartens hinter sich hatten, nun bereit, ein Experiment zu wagen, indem sie dem vertrauten, was Jesus zu sagen hatte. Ich kann mir vorstellen, dass der eine oder andere Jude die befreiende Entscheidung getroffen hat, mit ungewaschenen Händen zu essen. Es war eine neue Art zu leben. Die Pharisäer durften ihre sinnlosen Traditionen nicht länger an Menschen weitergeben, denen zuzuhören sie nicht bereit waren. Jetzt gab es eine neue Person, der man vertrauen konnte.

Da ist es. Dieses lästige, passive Wort, das uns das Gefühl gibt, nicht viel zu erreichen: *Hört zu.*

Die Menschen, die Jesus folgten, sahen, wie die Religiösen angesichts seiner Kritik den Boden unter den Füßen verloren. Sie sprachen mit Jesus und wurden mutiger, selbst die Verbindung zu Gott zu suchen, eine Praxis, die vorher nicht erlaubt war. Sie hörten Jesus zu und begannen zu glauben, dass er selbst Gott sein könnte. Das Gesicht in der Felswand, nach dem sie die ganze Zeit gesucht hatten.

Die Kirche soll der Leib Christi für die Welt sein. Wir sollten für dekonstruierende Menschen von heute so anziehend werden, wie Jesus es damals war.

Wie man Anziehungskraft entwickelt

Wie können wir das Gespräch über die Auswirkungen dessen, was wir gelernt und erlebt haben, beginnen? Ich möchte dir gern ein Drehbuch an die Hand geben, das man leicht auf ein kleines Blatt Papier schreiben oder als Notiz ins Handy tippen kann. Das Ziel ist nicht, dieses Skript Wort für Wort einzustudieren. Verwende die Worte so, wie du eine Karte zum Geburtstag oder einem Jahrestag schreibst. Die Fragen sollen als Ausgangspunkt dienen, aber es ist wichtig, dass du sie persönlich formulierst.

Noch eine wichtige Erinnerung, bevor du loslegst:

Du musst im Gespräch den ersten Schritt machen.

Indem du das Gespräch in einer bescheidenen und hörenden Haltung führst, gibst du zu, dass du nicht alles weißt. Damit schaffst du die Voraussetzungen dafür, dass dein Gesprächspartner dasselbe tun kann. Das ist der Spiegeleffekt! Es ist beängstigend, die Führung in einem Gespräch zu übernehmen, lass es mich daher also einmal vormachen. Hier sind einige Anregungen für ein Gespräch über die Auswirkungen von Erfahrungen, die jemand mit Glauben und mit Dekonstruktion gemacht hat:

Indem du das Gespräch in einer bescheidenen und hörenden Haltung führst, gibst du zu, dass du nicht alles weißt.

> *Danke, dass du dich wieder mit mir triffst. Bei unserer letzten Begegnung hast du berichtet, dass du viele Dinge am christlichen Glauben infrage stellst. Und das, was du konkret genannt hast, sind Dinge, die ich, ehrlich gesagt, einfach als selbstverständlich angesehen habe. Ich hatte nicht gründlich über ____________ [füge das konkrete Thema ein] nachgedacht. Die Dinge, die ich inzwischen dazulerne, sind, vorsichtig formuliert, eine Herausforderung. Darf ich ein wenig davon erzählen, was mich beschäftigt? Ich glaube, in einigen entscheidenden Punkten bin ich dabei, meine Meinung zu ändern.*

Du kannst die Reaktion deines Gegenübers nicht kontrollieren, aber ich kann mir vorstellen, dass die meisten Leute dich auffordern werden, weiterzureden. Selbst wenn deine Beschäftigung mit dem entsprechenden Thema dein Denken nicht von Grund auf revolutioniert hat, hast du sicherlich irgendwelche neuen Aspekte oder andere Betrachtungsweisen entdeckt. Aber wenn es darum geht, dass jemand, der dekonstruiert, menschliche Traditionen hinterfragt, dann ist es wahrscheinlich, dass wir am Ende alle in der einen oder anderen Hinsicht Buße tun werden. Dann bitten wir für unseren rechthaberischen Ansatz zu einem bestimmten Thema um Entschuldigung. Hier sind einige Formulierungen für diesen Teil eines Gesprächs:

- »Ich habe rote Linien gezogen, wo sie niemals hätten sein dürfen. Bitte verzeih mir.«
- »Ich bin unwissentlich Teil des Problems gewesen. Bitte verzeih mir.«
- »Ich habe an meiner Sicht der Dinge mehr festgehalten als an dir. Bitte vergib mir.«

Der letzte Satz kann besonders wirksam sein, wenn er von einem Elternteil an ein Kind gerichtet wird. Wenn du für die Auswirkungen, die deine Meinung auf dein Kind hatte, um Verzeihung gebeten hast, warte die Reaktion ab. Lass alles zu, was jetzt kommt.

Wut.

Schock.

Tränen.

Freude.

An diesem Punkt sind alle Gefühle erlaubt. Die Versuchung ist groß, jetzt auch gleich die Dinge zu erwähnen, in denen deine Haltung sich nicht geändert hat und wo du immer noch anderer Meinung bist. Du wirst von mir nie ein Drehbuch bekommen, das die Worte enthält: »Ich glaube zwar nicht, dass du recht hast …« Widersteh dieser Versuchung. Der Dekonstruierende kennt deinen Standpunkt. Das hat uns ja überhaupt erst an diesen Punkt gebracht. Wenn du in einer bescheidenen Haltung und mit Offenheit mitteilst, wie sich eure gemeinsame Reise auf dich auswirkt und deine Perspektive verändert, ist es wahrscheinlicher, dass du die Sichtweise des anderen ändern wirst (falls du das willst). Oder du wirst deine Sicht der Dinge ändern. Was in bestimmten Situationen vielleicht nötig ist.

Allerdings hattest du nie den Auftrag, die Ansichten der Menschen zu ändern. *Bekehrung war nie das Ziel.* Das Ziel war, Jünger zu gewinnen! Um ein Jüngergewinner zu sein, müssen die Menschen bereit sein, dir zu folgen, und niemand will einem Besserwisser folgen. Folgen werden die Menschen aber jemandem, der die harte Arbeit auf sich nimmt, zu lernen, Fehler einzugestehen und zuzuhören. Nun zum Teil des Zuhörens:

> *Würdest du mir erzählen, wie sich ____________ [Thema einfügen] auf dich ausgewirkt hat? Ich werde niemanden verteidigen, weder einzelne Personen noch eine Gruppe. Ich möchte dir nur das offene Ohr schenken, das du verdienst. Lass mich grad noch mein Handy ausschalten. [Schalte es aber auch aus.]*

Wärst du bereit, jemandem, der dich so anspricht, deine Geschichte zu erzählen? Wenn du dich versucht fühlst, in die Defensive zu gehen, nimm das als ein Signal dafür, dass du eine klärende Frage stellen musst.

Sobald das Gespräch geführt wurde, ist es Zeit für den letzten Schritt in unserer 4-Schritte-Strategie: Lass dich auf das ein, was bleibt.

Ich sitze gerade, während ich dies schreibe, in einem Café, und vor fünf Minuten hörte ich Glas zerbrechen. Ich schaute hin und sah das Trinkgeldglas in tausend Scherben auf dem Boden liegen! Oben auf den Glasscherben lagen die Dollarscheine aus dem Glas, insgesamt etwa fünfzehn Dollar. Zwar ist das Glas zu Bruch gegangen, aber der wertvolle Inhalt blieb erhalten. Niemand geriet in Panik, als der Behälter zerbrach. Was zählte, war das, was drin war.

Das zerbrochene Glas und die nicht zerrissenen Scheine bringen mich zum nächsten Kapitel.

Wenn der Glaube eines Menschen zu Bruch geht, gibt es da Einen, der immer bleiben wird. Jetzt, wo wir unsere Tradition losgelassen haben, sollten wir uns auf ihn einlassen.

Denn darin liegt der wahre Wert des christlichen Glaubens.

9

SCHRITT 4: LASS DICH AUF DAS EIN, WAS BLEIBT

Je mehr wir [Gott] von uns Besitz ergreifen lassen, desto mehr werden wir wirklich wir selbst. Er schuf alle. Er erfand alle die unterschiedlichen Menschen, zu denen wir werden sollen ... Erst wenn ich mich zu Christus hinwende, wenn ich mich selbst aufgebe, fange ich an, eine eigene Persönlichkeit zu besitzen.

C. S. LEWIS, PARDON, ICH BIN CHRIST[96]

Es geht nicht darum, wie viel wir verloren haben.
Es geht darum, wie viel uns noch bleibt.

TONY STARK IN AVENGERS: ENDGAME

Es ist vielleicht keine wahre Geschichte, aber wie es Gleichnissen eigen ist, müssen sie nicht wahr sein, um Wirkung zu zeigen. In seinem Buch *Ruhe im Sturm* gibt Max Lucado die folgende Geschichte wieder:

Zwei Kampfschiffe eines Ausbildungsgeschwaders waren schon mehrere Tage lang bei schwerem Seegang im Manöver. Ich hatte auf dem Leitschiff Dienst und schob auf der Kommandobrücke Wache, als die Nacht hereinbrach. Bei dichtem

Nebel war die Sicht schlecht, deshalb blieb der Kapitän auf der Brücke und behielt alles, was vorging, im Auge.

Kurz nach Einbruch der Dunkelheit meldete der Beobachtungsposten an der Flanke: »Licht, Steuerbord voraus.«

»Ist es stetig oder bewegt es sich nach achtern?«, fragte der Kapitän.

Der Beobachtungsposten antwortete: »Stetig, Kapitän.« Dies bedeutete, dass wir auf einem gefährlichen Kollisionskurs mit diesem Schiff waren.

Der Kapitän gab dem Funker den Befehl: »Diesem Schiff signalisieren: ›Wir sind auf Kollisionskurs, bitte Kurs um zwanzig Grad ändern.‹«

Zurück kam folgendes Signal: »Es wäre zweckmäßig, Ihren Kurs um zwanzig Grad zu ändern.«

Der Kapitän befahl: »Senden: ›Ich bin Kapitän, ändern Sie den Kurs um zwanzig Grad.‹«

»Ich bin Matrose«, kam die Antwort. »Es wäre besser für Sie, den Kurs um zwanzig Grad zu ändern.«

Jetzt wurde der Kapitän wütend. Aufgebracht stieß er hervor: »Senden: ›Ich bin ein Kampfschiff. Ändern Sie den Kurs um zwanzig Grad.‹«

Zurück kam das Blinkfeuer: »Ich bin ein Leuchtturm.«

Wir änderten den Kurs.[97]

Auf Kollisionskurs

So gerne wir auch glauben würden, dass wir der Leuchtturm in dieser Geschichte sind, wir sind es nicht. Jesus ist der Leuchtturm. Und sowohl die Welt als auch die Kirche sind vom Kurs abgekommen.

Ich glaube, Gott gibt der Kirche die Gelegenheit, den Worten Jesu wieder gerecht zu werden. Damit dies geschehen kann, muss die Kirche zwei Verpflichtungen eingehen.

Erstens müssen wir uns eine dekonstruierende Denkweise zu eigen machen, die sich dem Anliegen verpflichtet, die christliche

Subkultur und die menschliche Tradition von der Ethik des Reiches Gottes, wie wir sie in den Worten Jesu finden, zu trennen.

Zweitens müssen wir bereit sein, den Kurs zu ändern, wenn es nötig ist. Im Beispiel der Leuchtturm-Geschichte gesprochen: Vielleicht haben wir die Kollision schon hinter uns. Die »Wir-gegen-sie«-Einstellung hat die Polarisierung zwischen dem Sakralen und dem Säkularen verstärkt. Zwischen Linken und Rechten. Zwischen denen innerhalb der Kirche und denen außerhalb. Die Kirchen verdoppeln ihre Bemühungen, die Unerlösten in die Mauern ihrer Gebäude zu bekommen; gleichzeitig werden die Mauern des Gebäudes in den Köpfen so vieler Menschen abgebaut. Und aus diesem Grund müssen wir beidem verpflichtet sein, der Dekonstruktion *und* der Rekonstruktion, wenn wir uns nun mit Jesus beschäftigen.

Jedes Buch über Dekonstruktion wäre unvollständig, wenn es nicht die Notwendigkeit der Rekonstruktion anerkennen würde. Das heißt den Wiederaufbau des theologischen Hauses auf der Grundlage der Worte, Taten und Überzeugungen Jesu. Rekonstruktion kann auch als Kursänderung verstanden werden. Als Eingeständnis, dass Jesus uns signalisiert, dass wir uns aus gefährlichen Gewässern herausbegeben und dann etwas tun sollen, um die Lage zu ändern. Wie auch immer man über Rekonstruktion denken mag, eins ist vollkommen klar: Der einzige Weg, der weiterführt, besteht darin, Jesus zu folgen. Wir müssen seiner Autorität das letzte Wort überlassen. Das ist eine gute und gleichzeitig eine schlechte Nachricht.

Folge Jesus und lass dich durch nichts aufhalten. Er wird uns nicht nur von einem alten Weg wegführen, sondern auf einen neuen (besseren) Weg leiten.

Die gute Nachricht: Folge einfach Jesus und lass dich durch nichts aufhalten. Er wird uns nicht nur von einem alten Weg wegführen, sondern auf einen neuen (besseren) Weg leiten.

Die schlechte Nachricht: Jesus nachzufolgen ist nie einfach. Vor allem dann nicht, wenn Religion im Spiel ist.

Der »Nackte Pastor«

Es war ein Privileg, David Haward interviewen zu können. David ist Blogger und betreibt einen Instagram-Account unter dem Namen @nakedpastor. Während unseres Gesprächs habe ich ihn gefragt, warum er sich für diesen Namen entschieden hat.

»Ich möchte authentisch und verletzlich sein«, sagte er mir. Er wollte nicht über Gemeindewachstum posten oder darüber, wie man sich selbst optimiert. Die Maskerade der geschönten Realität auf Social Media erschien ihm heuchlerisch. Außerdem hatte David genug von der Gemeindekultur. In unserem Gespräch erfuhr ich mehr über seinen Weg als Pastor und darüber, wie er in seiner jetzigen Rolle Zufriedenheit findet, indem er Menschen hilft, die ihren Glauben dekonstruieren wollen.

Im Jahr 2010 hatte David es mit seinen Erneuerungsbemühungen innerhalb der Kirche übertrieben und beschloss, nicht weiter hauptamtlich Gemeindearbeit zu machen. Seine Vorgesetzten erhielten Briefe, in denen es um die Fragen ging, die er stellte. Er wusste, dass er nie aufhören könnte, Fragen zu stellen, und er musste daher eine Ausstiegsstrategie finden. Während unseres Gesprächs sagte David, dass er nicht viel über Rekonstruktion spricht, weil er überzeugt ist, dass der Prozess der Dekonstruktion nie aufhört. Ich hörte zu, nippte an meinem Kaffee und machte mir Notizen. Ich versuchte, das, was im letzten Kapitel beschrieben wurde, in die Tat umzusetzen. Nicht zu unterbrechen, wo ich ihm nicht zustimmte, sondern zu versuchen, seine Geschichte herauszuhören. Die heiligen Samen seiner Ausbildung und Erfahrung sind zu einem einzigartigen Garten herangewachsen. Und ich war nur für eine Stunde zu Besuch. Ich wollte lieber an den Rosen riechen, als auf das Unkraut hinzuweisen. Und während ich zuhörte, lernte ich eine Metapher kennen, die ich nie vergessen werde.

»Meine Dekonstruktion … kann man mit einer Gletscherschmelze vergleichen. Es dauerte Jahrzehnte, in denen ich versuchte, das, was ich glaubte, in Einklang zu bringen mit der vorherrschenden Lehre, der Bibel und meinem Verdacht, dass es mehr gab und mir dieses Mehr fehlte.«

Diese Formulierung von David werde ich nie vergessen: Er wollte das, was er glaubte, in Einklang bringen oder »versöhnen«[98] mit dem Verdacht, dass es da draußen noch etwas anderes gibt. Ein kühnes Unterfangen für jeglichen Menschen mit einem Bewusstsein für eine geistliche Realität! Ich kann mir vorstellen, dass einige, die dieses Buch lesen, den Begriff *versöhnen* dem Begriff *rekonstruieren* vorziehen. Wir versöhnen uns in unseren Beziehungen. Versöhnung bedeutet, dass wir uns wünschen, dass mehrere Dinge in Harmonie miteinander koexistieren. Es ist nicht so, dass ich dem nicht zustimme; ich glaube nur nicht, dass es uns weit genug führt. Ständig in einem Zustand der Verwirrung und Unsicherheit zu leben, muss einen doch lähmen, wenn man in der Welt etwas verändern will.

Ich verwende mein Interview mit dem »Nackten Pastor« in diesem Kapitel, weil ich denke, dass er ein gutes Beispiel dafür ist, wie jemand seinen Glauben dekonstruiert und etwas Neues rekonstruiert hat. Es ist nicht so, dass das, was er wiederaufgebaut hat, eine durch und durch christliche Weltanschauung wäre. Aber das ist die Realität: Jeder, der dekonstruiert, baut auch wieder irgendeine Art von Glauben auf. Selbst wenn man sagt: »Ich werde keine christliche Weltanschauung

Jeder, der dekonstruiert, baut auch wieder irgendeine Art von Glauben auf.

rekonstruieren«, ist das eine Art von Rekonstruktion. Ich bin mir nicht sicher, ob es eine Kategorie für Davids Art des Wiederaufbaus gibt. Er lässt sich nicht in eine Konfession oder einen bestimmten Frömmigkeitsstil einordnen, aber das ist nebensächlich. Was ich sagen will, ist: Jeder baut etwas Neues auf, auch wenn das Ergebnis keinem theologischen Gebäude ähnelt, das man irgendwann schon einmal gesehen hat. Ich hoffe, dass du in diesem Kapitel (und in diesem Buch) die Werkzeuge findest, die du brauchst, um eine jesuszentrierte Sicht auf dein Leben und auf die Welt zu rekonstruieren.

Zwischen unseren Überzeugungen und der Welt, in der wir leben, wird immer eine Spannung bestehen. Unsere Überzeugungen mit dem christlichen Glauben zu versöhnen oder in Einklang zu bringen, ist ein lebenslanges Unterfangen, das uns am Ende in den Wahnsinn treiben kann. Wie die Autorin Joan D. Vinge einmal sagte: »Die Widersprüche sind es, die das menschliche Verhalten so wahnsinnig und gleichzeitig so faszinierend machen.«[99] Ohne das Interview mit dem »Nackten Pastor« hätte ich das wohl nicht erkannt. Wir mögen die Bedeutung der Rekonstruktion unterschiedlich einschätzen, aber ich muss ihm doch darin zustimmen, dass jeder Dekonstruierende eine tiefe Sehnsucht haben muss, seine Überzeugungen mit dem Verdacht, dass es da draußen noch mehr gibt, zu versöhnen. Versöhnung ist der erste Schritt zur Rekonstruktion, und der erste Schritt zur Versöhnung ist das Eingeständnis, wo wir uns geirrt haben.

Allerdings reicht es nicht aus, nur zuzugeben, wo wir falschliegen. Um wieder etwas aufzubauen, müssen wir bereit sein, dort, wo es nötig ist, Änderungen vorzunehmen. Das ist die Ironie des Ganzen! Solange wir nur zugeben, wo wir falschliegen, bleiben wir im Land der Dekonstruktion. Um zu rekonstruieren, müssen wir bereit sein, unsere Überzeugungen *und* unser Handeln zu ändern.

Der Glaube ist schließlich eine menschliche Erfahrung, und er muss durch unser Handeln Gestalt gewinnen.

Ich bin stolz auf die »nackten Pastoren« da draußen, die mutig gegen die verarmte Spiritualität des Westens antreten. Ihr mögt exponiert sein durch die Verletzlichkeit eurer Erfahrungen und die Diskrepanzen in euren Überzeugungen, aber bleibt nicht dabei stehen, beides miteinander zu versöhnen. Es gibt noch mehr zu tun. Auf der anderen Seite von Verwirrung und Unsicherheit steht nicht die Gewissheit, sondern die Demut. Gewissheit über etwas zu haben, was man nicht wissen kann, ist genau das, wovor ihr doch anfänglich weggelaufen seid. Das wäre ein Fundamentalismus der anderen Art. Die Dekonstruktion ist der einfache Teil. Wer zündet nicht gern die Lunte an, tritt zurück und sieht zu, wie der Berg in sich zusammenfällt? Die eigentliche Arbeit liegt in der Wabenbildung. Im methodischen Abtragen des Bergs. Wir müssen sicherstellen, dass unser Ziel nicht ist, einfach den Berg zu zerstören, sondern das Antlitz Jesu wiederherzustellen.

Der Wiederaufbau fühlt sich gefährlich an, und das ist er auch. Wir fühlen uns exponiert, weil wir es sind. Wir sind ein erschöpfter, wagemutiger Haufen, nicht wahr? Aber es gibt einen Unterschied dazwischen, ob man einer Sache müde ist oder ob man im Verfolgen einer Sache müde geworden ist. Des Christentums müde zu sein bedeutet, dass man nur wegen der Explosionen dabei ist. In der Auseinandersetzung mit dem Christentum müde zu sein bedeutet, dass man sich dem Prozess des Wiederaufbaus verpflichtet fühlt.

Wir müssen sicherstellen, dass unser Ziel nicht ist, einfach den Berg zu zerstören, sondern das Antlitz Jesu wiederherzustellen.

Bleib dabei.

Hilf uns, in dem, was du tust, Jesus zu erkennen.

Gib dich nicht mit weniger zufrieden als einem Wiederaufbau.

Bevor du jetzt hier weiterliest, möchte ich dich bitten, über die folgenden Gedanken von Ernest L. Stech nachzudenken. Sie werden dir helfen, einen weiteren kühnen Schritt in der Disziplin der Rekonstruktion zu machen.

Das ist meine Seele, die dort ausgebreitet liegt.
Du weißt nicht, was eine Seele ist?
Du stellst dir darunter etwas Geisterhaftes vor,
durch das du hindurchsehen kannst und das durch die Luft schwebt?
Was dort ausgebreitet liegt, das ist meine Seele.
Weißt du noch, wie meine Hand zitterte,
weil ich so nervös war in der Gruppe?
Erinnerst du dich noch an jene Nacht, als ich mich so blöde benahm
und zu viel diskutierte und ganz verrückt wurde
und keinen Ausweg mehr fand aus dem Schlamassel?
Da hab ich meine Seele eingesetzt.
Ein andermal sagte ich, dass mir jemand etwas von sich selbst erzählt hätte,
was er nicht hätte sagen brauchen.
Ich sagte, dass er mir etwas erzählte, was ihm hätte schaden können.
Und ich glaube, ich wollte dich bitten, dasselbe zu tun.
Ich wollte dich bitten, dich kennenlernen zu dürfen.
Auch das ist ein Teil meiner Seele.
Wenn ich dir sagte, dass meine Mutter meinen Vater nicht liebte,
und dass ich es wusste, als ich noch ein Kind war,
wenn ich dir sagte, dass meine Augen feucht werden,
wenn ich verletzt werde,
obwohl ich schon vierunddreißig bin und ein Mann doch nicht weint,
ja, da hab ich meine Seele ausgebreitet in dem Raum dort zwischen dir und mir.
Ja, dort liegt sie nun ausgebreitet, meine Seele.
Gott bin ich nie begegnet.
Ich meine, ich bin noch nie jenem alten Mann begegnet,

der auf einer Wolke sitzt mit einer Krone auf dem Kopf
und einem Stab in der Hand,
der alles weiß und alles ist und alles überwacht.
Aber dir – dir bin ich begegnet.
Ist das Gott, was sich in deinem Gesicht ausdrückt?
Ist das Gott dort in deiner ausgebreiteten Seele?
Ja, das ist meine Seele, die dort ausgebreitet liegt.
Ich möchte, dass du sie aufhebst.
Deshalb habe ich sie dort hingelegt.
Sie wird zerdrückt und faul werden wie eine alte Banane,
wenn du sie schlecht behandelst.
Sie wird weggehen, wenn du sie nicht beachtest.
Aber wenn du deine Seele dort neben sie legst,
dann wird vielleicht Liebe daraus werden.
Und wo Liebe ist – ist da nicht auch Gott?[100]

Baumeister Jesus

Dieselbe Stimme, die dich zur Dekonstruktion aufgerufen hat, ruft dich jetzt auf, umzugestalten und wiederaufzubauen. Er ruft uns alle dazu, einen weiteren Schritt zu gehen.

> *Wer auf mich hört und danach handelt, ist klug und handelt wie ein Mann, der ein Haus auf massiven Fels baut. Auch wenn der Regen in Sturzbächen vom Himmel rauscht, das Wasser über die Ufer tritt und die Stürme an diesem Haus rütteln, wird es nicht einstürzen, weil es auf Fels gebaut ist. Doch wer auf mich hört und nicht danach handelt, ist ein Dummkopf; er ist wie ein Mann, der ein Haus auf Sand baut. Wenn der Regen und das Hochwasser kommen und die Stürme an diesem Haus rütteln, wird es mit Getöse einstürzen.*
> MATTHÄUS 7,24-27

Es wäre töricht, Jesus auf dem Weg heraus aus der institutionalisierten Religion zu folgen und dann nicht weiterzugehen. Es sei denn, es war nicht Jesus, den du gesucht hast. In diesem Fall wäre es sinnlos gewesen, der Kirche zu sagen, dass sie ihrem Jesus nicht sehr ähnlich sieht, da die Autorität Jesu für dich ohnehin keine große Rolle spielen würde.

Wenn du Vorstellungen und Praktiken innerhalb des Christentums dekonstruierst, die nicht mit den Worten und Taten Jesu übereinstimmen, solltest du auch dann auf ihn hören, wenn er dir sagt, du sollst ein theologisches Haus bauen. Andernfalls war Jesus nur ein Mittel, um an dein Ziel zu gelangen. Denn Jesus war nicht nur ein Bauhandwerker, der vor zweitausend Jahren unter den Menschen lebte. Christus ist der Bauhandwerker, der jetzt unter uns lebt. Er ist der große Baumeister und Erneuerer. Ihm nicht zu erlauben, deinen Glauben wieder aufzubauen, bedeutet, dass dir nicht viel an seinen Worten liegt. Schockiert es dich, dass er die Autorität über dein geistliches Zuhause hat? Schockiert es dich genauso wie seine ursprünglichen Zuhörer?

Es wäre töricht, Jesus auf dem Weg heraus aus der institutionalisierten Religion zu folgen und dann nicht weiterzugehen. Es sei denn, es war nicht Jesus, den du gesucht hast.

> *Als Jesus seine Rede beendet hatte, waren die Menschen überwältigt von seiner Lehre, denn er sprach mit Vollmacht – anders als die Schriftgelehrten.*
> MATTHÄUS 7,28-29

Man kann die »Schriftgelehrten« hier fast durch »Pastoren« oder »Gemeindekultur« ersetzen. Ich jedenfalls bin schockiert über den Kontext dieses Abschnitts. Matthäus 7, in dem es um den Wiederaufbau eines Hauses auf einem soliden Fundament geht, folgt auf die Seligpreisungen in Matthäus 5 und die Bergpredigt in Matthäus

6. Jeder Dekonstruierende, den ich kenne, befürwortet die Annahme dieser Ethik des Reiches Gottes als universelle Norm dafür, wie wir miteinander umgehen sollten. Es ist ein Paradigmenwechsel in zwei unglaublich heiklen Fragen: der Frage der Gerechtigkeit und der Frage, welche Art von Menschen sich im Reich Gottes finden. Nicht, wer es hineinschafft. Sondern welche Art von Menschen bereits dort ist. Der Bibelwissenschaftler Vernon McGee sagte über die Seligpreisungen: »Es ist wichtig zu beachten, dass es sich dabei um Seinshaltungen handelt, nicht um Tunshaltungen. Sie stellen fest, was die Bürger des Reiches Gottes sind – sie sind solche Menschen, wie sie in den Seligpreisungen beschrieben werden.«[101] Es ist die »Gib mir Freiheit oder gib mir den Tod«-Rede[102] für diejenigen, die der Religion überdrüssig waren. Und ein Todesurteil für diejenigen, die an sie gebunden waren.

Die gute Nachricht für Dekonstruierende ist, dass es die Worte Jesu sind, die festlegen, wie der neue Glaube aussehen soll. Wir müssen uns nicht damit belasten, eine Art von Christentum wiederaufzubauen, das Jesus möglichst ähnlich sieht. Folge seiner Stimme und seinem Handeln, und du wirst eine Theologie haben, die jedem Sturm standhalten kann.

Manchmal ruft Jesus Stürme hervor, die uns aus der Bequemlichkeit einer Welt ohne ihn aufrütteln. Ein anderes Mal wieder beruhigt er Stürme. Aber immer verspricht er, das Fundament zu sein, das ihnen standhalten kann.

Wie Eugene Peterson es in *The Message* formuliert:

Diese Worte, die ich zu euch spreche, sind keine beliebigen Zutaten zu eurem Leben, keine Verbesserungen eures Lebensstandards in Hausbesitzermanier. Es sind grundlegende Worte, Worte, auf die man sein Leben aufbauen kann. Wenn ihr diese Worte in eurem Leben umsetzt, seid ihr wie ein kluger Zimmermann, der sein Haus auf festem Fels gebaut hat. Es regnete in Strömen, der Fluss trat über die Ufer, ein Tornado schlug zu, aber nichts konnte das Haus bewegen. Es war fest mit dem Felsen verbunden.

MATTHÄUS 7,24-25 (MSG)

Der Jesus-Test

Wir können nicht länger darauf warten, dass jemand anderes als Jesus selbst uns zu einer besseren Version des Christentums führt. Diese Bewegung sollte so aussehen wie er und niemand anders. Bei der Rekonstruktion eines tragfähigen Glaubens wird es immer »Schriftgelehrte« geben, die mit Jesus um die Autorität wetteifern. Erinnern wir uns: Das Ziel besteht nicht darin, christlicher auszusehen (was auch immer das bedeutet). Das Ziel ist es, wie Jesus auszusehen und die Welt so zu sehen, wie er es tut. An dem folgenden Bezugssystem können wir alle Lehren, Praktiken und Traditionen messen, wenn wir darangehen, einen Glauben aufzubauen, der wie unser Erlöser aussieht.

1. Halte alle deine Annahmen für vorläufig, solange sie nicht durch die Autorität Jesu bestätigt sind.

Stell dir vor, welche Freiheit du hättest, wenn du nicht erwarten würdest, dass jeder dieselben Vorlieben hat wie du. Das Urteilen würde aufhören. Die Ängste würden abnehmen. Wer weiß … vielleicht würde sogar die Liste der Gebetsanliegen schrumpfen.

Ich nehme einen seltsamen Platz in der christlichen Welt ein. Ich werde die Kirche nie aufgeben, aber zu Hause fühle ich mich eher bei den Zweiflern. Jahrelang fühlte ich mich in meinem religiösen Umfeld ziemlich einsam, bis ich die Gesellschaft von G. K. Chesterton fand. Nachdem ich drei Chesterton-Bücher in einem Monat gelesen hatte, war ich versucht, katholisch zu werden. Von ihm lernte ich, dass »Engel fliegen [können], weil sie sich leicht nehmen können«[103], und dass es unser immerwährender Auftrag ist, uns zu den Nichtreligiösen hingezogen zu fühlen und sie in den Glauben hineinzuziehen. Der anglikanische Theologe David Pickering sagte über Chesterton:

> *Er setzte eine Reihe von rhetorischen Mitteln ein, die es ihm ermöglichten, eine gemeinsame Basis mit seinen Lesern zu schaffen. Er nutzte diese Mittel, um sich als Freund darzustellen und zu behaupten, dass er, obwohl er selbst sich zum Glauben bekannte, seinen Lesern religiöse Fragen in der Art eines unvoreingenommenen Forschers präsentierte. Als Teil dieser Strategie schränkte er den Umfang der Theologie ein, die er in seiner Apologetik verwendete, um so weit wie möglich innerhalb der Grenzen zu bleiben, die seine nicht-religiösen Leser leicht nachvollziehen konnten.*[104]

Hast du schon mal in Erwägung gezogen, den Umfang deiner Theologie zu begrenzen – zugunsten von Zweiflern und Kirchenfernen? Das bedeutet, dass deine rauchenden Freunde rauchen dürfen. Deine trinkenden Freunde dürfen trinken. Und deine veganen Freunde dürfen Tofu essen. Schlimmer noch: Dein Sohn darf an eine andere Version der Schöpfung glauben als du. Deine Eltern dürfen konservativer wählen als du. Und dein verrückter Onkel darf ein Verschwörungstheoretiker sein. Betrachte deine Familie und Freunde als dein Wertpapier-Portfolio – es sollte so breit aufgestellt sein wie möglich!

Soweit ich das beurteilen kann, war Jesus die personifizierte Wahrheit und Weisheit. Doch wir wissen nichts über seine persönlichen Vorlieben. Das einzige Mal, dass wir ihn eine Linie in den Sand[105] ziehen sehen, ist, als religiöse Männer eine nicht religiöse Frau verurteilen, die beim Ehebruch ertappt wurde. Er tat das nicht, um die Frau auszuschließen, sondern um sie in die Gemeinschaft hereinzuholen! Wir sollten keine Grenzen ziehen, wo Jesus andere willkommen hieß. Unsere Vorlieben und Vorurteile waren uns in der Vergangenheit viel zu wichtig. Um es mit den Worten Jesu zu sagen: »Geh und sündige nicht mehr« (Johannes 8,11).

2. Lass dich durch deine reflexhaften Abwehr-Reaktionen gegenüber Dekonstruktion nicht von der Aufgabe der Rekonstruktion ablenken.

Vor nicht allzu langer Zeit begleitete ich eine desillusionierte Frau durch den Dekonstruktionsprozess, als ich eine E-Mail von ihrer Mutter erhielt.

> *Meine Tochter glaubt nicht mehr an den Teufel. Sie sagt, Sie haben Ihren Glauben auch dekonstruiert! Ich verstehe nicht, wie man Gott lieben, aber nicht an den Teufel glauben kann. Vermitteln Sie das?... Und sagen Sie ihr bloß nicht, dass ich Sie kontaktiert habe!*

Keine Sorge, ich habe es ihrer Tochter nicht erzählt. Ich habe stattdessen beschlossen, es in dieses Buch zu schreiben.

Abgesehen von all den Ausrufezeichen, die mir das Gefühl gaben, angeschrien zu werden, verwirrte mich die Anschuldigung, ich würde nicht an den Teufel glauben. Das habe ich nie behauptet. Wer mich jemals beten gehört hat, weiß, dass ich glaube, dass ein geistlicher Kampf im Gange ist und dass wir Gottes Eingreifen dringend brauchen.

Wenn ich Nachrichten wie diese bekomme, ist das für mich in zweierlei Hinsicht interessant: Einerseits äußern ihre Verfasser die Sorge um das Wohlergehen eines geliebten Menschen. Andererseits wird diese Art von Reaktion den geliebten Menschen nur noch weiter von Jesus wegtreiben. An einem Punkt unseres Mailwechsels war es mir wichtig, diese Frau wissen zu lassen, dass »Menschen sehr selten Jesus dadurch näherkommen, dass man sie zu ihm hinschubst«. Weißt du noch, wie du in der Schule Newtons drittes

Bewegungsgesetz gelernt hast? Für jede Aktion gibt es eine gleich große entgegengesetzte Reaktion. Unsere abwehrenden Reaktionen stoßen die Menschen nicht nur weiter weg, sie machen uns selbst auch noch sturer und festgefahrener.

In einer Stadt in Kalifornien sagte mir ein Pfarrer, seine Gemeinde käme »ganz gut zurecht, ohne Fragen zu stellen«. Ich glaube, seine nächste Aussage war: »Wir waren noch nie so wenige wie jetzt. Aber die Menschen, die jetzt zur Gemeinde gehören, sind wahre Christen. Wenigstens haben wir keine Zweifler in unserer Mitte, wenn wir beten. Und es sind die Gebete der Gerechten, die siegen werden, nicht die Gebete der Zweifler.« An manchen Tagen lache ich, wenn ich solche Dinge höre. Meistens macht es mich traurig. Es könnte so viel Wachstum geschehen, wenn mehr Eltern und Pastoren ihren eigenen Glauben dekonstruieren würden, um zu einem jesuszentrierten Glauben zu gelangen.

Menschen kommen sehr selten Jesus dadurch näher, dass man sie zu ihm hinschubst.

Stattdessen wird zu viel Energie darauf verwendet, auf diejenigen zu schießen, die die richtigen Fragen stellen. Je stärker wir reagieren, desto unwahrscheinlicher ist es, dass wir neu nachdenken und zuhören. Und wenn wir denn reagieren, möge es im Einklang mit Jesus sein, nicht nur in Übereinstimmung mit der Kirche. Wir sollten nämlich nicht vergessen, dass die Autorität Jesu – und das Bild von Gott, das wir in ihm haben – wichtiger ist als alles andere, wofür wir kämpfen können.

John Cooper, ein Musiker der Band Skillet, sagte in einem Interview, es sei an der Zeit, der Dekonstruktionsbewegung den Krieg zu erklären. Er befürchtet, dass die jüngere Generation Jesus von der Bibel getrennt hat. »Man kann Jesus Christus und die Bibel nicht voneinander trennen. Das geht einfach nicht«, sagte Cooper vor einem jungen Publikum. Er fuhr fort:

Ich hasse nicht die Christen, die ihren Glauben dekonstruiert haben. Ich bete für ihre Umkehr. Aber hört mir gut zu: Sie haben sich selbst von Gott getrennt, und sie wollen so viele von euch mitnehmen, wie sie können. Es ist an der Zeit, dass wir und eure Generation dieser götzendienerischen, dekonstruierenden christlichen Bewegung den Kampf ansagen.[106]

Coopers Reaktion auf Dekonstruktion hat ihn blind gemacht für das, was tatsächlich geschieht. Was er sagt, klingt edel, ist aber eine verzerrte Karikatur dessen, was tatsächlich geschieht. Die Dekonstruktionsbewegung versucht, Jesus aus ungesunden und wenig hilfreichen Interpretationen der Bibel zu entschlüsseln (das ist ein treffenderes Verb). Und das haben überzeugte Jesus-Anhänger praktiziert, seit sie anfingen, ihm zu folgen.

3. Entwickle eine hohe Toleranz gegenüber Paradoxien in deinem Glauben.

Ein Paradox ist »eine Aussage oder ein Satz, der widersprüchlich oder absurd erscheint, in Wirklichkeit aber eine mögliche Wahrheit ausdrückt«.[107] Wenn wir Paradoxien nicht zulassen, wehren wir uns gegen Dinge, die wir nicht verstehen. Wir wehren uns gegen Dinge, die wir nicht kontrollieren können. Und wir leben in einer *Entweder-oder*-Welt. Solltest du auch erst seit vierundzwanzig Stunden am Leben sein – wenn du ehrlich zu dir selbst bist, weißt du, dass wir viel eher eine *Sowohl-als-auch*-Existenz führen.

Paradoxe sagen uns, dass Regen unseren Tag auf frustrierende Weise einschränken, dass er aber auch schön und hilfreich für unsere Seele sein kann. Puderzucker ist klebrig und hinterlässt eine schmutzige Arbeitsfläche, aber er ist köstlich und absolut notwendig, um meine Naschgelüste zu befriedigen. Glaube besteht darin, im Geheimnis des großen Paradoxons zu leben.

Ist Gott mit uns oder in uns? Ja.

War Jesus menschlich oder göttlich? Ja.

Enthält die Bibel offensichtliche Widersprüche, ist aber vollkommen wahr? Ja.

Das Paradoxe ist übrigens der Grund, warum ich Pfingstler geblieben bin. Ich fand immer, dass die Pfingstbewegung der christlichen Mystik am nächsten kommt. Ein Mittelweg, auf dem die Erfahrung und die Bildung lernen, mit dem Geheimnis zu leben. Ein Ort, an dem es besser ist, Liebe zu zeigen, als zu beweisen, welche Seite recht hat. Manche Seiten sollten nebeneinander bestehen.

Eines der größten Paradoxe, die Jesus uns offenbart, besteht zwischen dem, was ein Mensch tun muss, um gerettet zu werden, und wie er sich danach verhalten muss. Das fasst so ziemlich die gesamte christliche Erfahrung zusammen. Es ist einfacher, wenn wir dem Weg des Römerbriefs folgen, aber Jesus hinterlässt uns lieber ein unaufgelöstes Paradox.

Musst du »mit deinem Mund bekennen, dass Jesus der Herr ist, und [es] in deinem Herzen glauben« (Römer 10,9)? Oder musst du alles verkaufen, was du hast, und Jesus nachfolgen (Matthäus 19,21)?

Ja.

Was ist mit den Wohlstandspredigern, die ständig in den Schlagzeilen sind? Sollten Prediger ihren Reichtum nicht nutzen, um den Armen zu helfen, und anderen beibringen, dasselbe zu tun (Apostelgeschichte 20,35)? Oder sollten wir uns einfach darüber freuen, dass das Evangelium gehört wird, auch wenn es aus selbstsüchtigem Gewinnstreben und falschen Motiven geschieht (Philipper 1,18)?

Ja.

Müssen wir geistlich hungrig bleiben, um gesegnet zu werden (Matthäus 5,6)? Oder stillt Jesus unseren Hunger, wenn wir zu ihm kommen (Johannes 6,35)?

Ja.

Sollen wir das Joch Christi auf uns nehmen und ihm folgen (Matthäus 11,29)? Oder sollen wir uns nie wieder einem Joch unterwerfen (Galater 5,1)?

Ja.

Und wenn wir schon beim Thema »Joch« in der Bibel sind: Warum sagt Jesus in Matthäus 11,30, dass sein Joch leicht ist, aber in Matthäus 7,14 dagegen ganz klar: »Das Tor zum Leben … ist eng und der Weg dorthin ist schmal«?

Ein weiteres Paradox.

Der Glaube, den wir wieder aufbauen, muss eine hohe Toleranz gegenüber Paradoxien haben, wenn er auf die Worte und das Leben Jesu gegründet sein soll. Von den Widersprüchlichkeiten, die einfach damit verbunden sind, dass wir Menschen sind, habe ich noch gar nicht gesprochen. Wie die, die ich beim Schreiben dieses Buches erlebe: Je mehr ich dazulerne, desto klarer wird mir, wie wenig ich weiß.

Weil wir keine Paradoxien zugelassen haben, ist es zur Kollision mit unserer Kultur gekommen. Wir haben die Apologetik, die Verteidigung unseres Glaubens, benutzt, um andere Weltanschauungen in die Enge zu treiben, während diese Weltanschauungen die Bibel benutzen, um uns in die Enge zu treiben. Es ist zu einem Patt von paradoxen Ausmaßen geworden! Was wäre, wenn wir stattdessen glauben würden, dass das Geheimnis aufschlussreicher ist als die Gewissheit und dass die Nachfolge Jesu etwas sehr Persönliches ist?

4. Lass Jesus das verbindende Element zwischen dir und anderen Christen sein.

Hast du dich schon mal gefragt, warum die Generation, die sich so sehr für den guten Zweck einsetzt, so weit von der Organisation entfernt ist, die sich mehr als alle anderen auf der Welt für den guten Zweck einsetzt?

Früher habe ich beruflich Gemeinden gegründet. Glaubensgemeinschaften zu gründen ist immer noch eine Leidenschaft von mir. Große Gemeinden. Kleine Gemeinden. Neue Gemeindeformen wie »Dinner Churches«.

Sie alle bieten der Welt eine neue Art, das Evangelium auszudrücken. Und obwohl es eine gute Idee zu sein scheint, habe ich mich immer gefragt, warum diese Gemeinden so schnell ihre Glaubensgrundsätze online stellen, bevor sie Geschichten veröffentlichen. Es scheint ihnen darum zu gehen, dass die Menschen wissen, was sie glauben, bevor sie der Welt zeigen, an wen sie glauben. Wir brauchen mehr Geschichten darüber, wie diese Gemeinden dazu beitragen, dass das Umfeld, in dem sie leben, gesundet. Natürlich trägt die Darstellung der Lehre dazu bei, eine Gemeinde von einer anderen zu unterscheiden, aber gerade deshalb ist es so merkwürdig. Warum sind wir so sehr darauf bedacht, uns voneinander abzugrenzen? Mir scheint, Jesus wollte genau das Gegenteil, als er für uns alle, die wir an ihn glauben, betete.

> *Ich bete nicht nur für diese Jünger, sondern auch für alle, die durch ihr Wort an mich glauben werden. Ich bete für sie alle, dass sie eins sind, so wie du und ich eins sind, Vater – damit sie in uns eins sind, so wie du in mir bist und ich in dir bin, und die Welt glaubt, dass du mich gesandt hast. Ich habe ihnen die Herrlichkeit geschenkt, die du mir gegeben hast, damit sie eins sind, wie wir eins sind – ich in ihnen und du in mir, damit sie alle zur Einheit vollendet werden. Dann wird die Welt wissen, dass du mich gesandt hast, und wird begreifen, dass du sie liebst, wie du mich liebst.*
>
> JOHANNES 17,20-23

Jemand bemerkte einmal, wie gut es ist, dass es noch keine Konfessionen gab, als Jesus den Blinden mit einem Brei aus Lehm heilte. Sonst gäbe es Lehmiten und Anti-Lehmiten! Es sollte uns nicht überraschen, dass die Welt in der Kirche nichts Göttliches erkennt, wenn die Kirche sich weigert, sich auf der Grundlage der Göttlichkeit Christi zu einen. Beim Wiederaufbau unseres Glaubens müssen wir die Autorität Jesu zum Eckpfeiler aller Grundsätze, Besonderheiten, Praktiken und Traditionen machen. Und wenn wir mit der Auslegung eines anderen nicht einverstanden sind, sollten wir uns auf die Handlungsweise Jesu berufen. Wenn wir nicht wissen, was er mit dem, was er gesagt hat, genau gemeint hat, können wir uns dann auf den Grund einigen, warum er es gesagt hat? Ja, ich spreche von diesem viel diskutierten Wort: *Liebe*. Anscheinend ist es doch das, woran die Welt erkennen wird, dass Jesus von Gott gesandt wurde (1. Johannes 4,9-10). Außerdem scheint das geeinte Handeln und nicht der übereinstimmende Glaube das zu sein, was die Welt sehen und woran sie erkennen wird, dass auch wir von Gott gesandt sind: »Dann wird die Welt wissen, dass du mich gesandt hast, und wird begreifen, dass du sie liebst, wie du mich liebst« (Johannes 17,23).

In wirklich jedem Interview, das ich mit jemandem geführt habe, der früher Christ war, hat der Betreffende erklärt, dass der Grund für seine Abkehr vom Christentum das Fehlen von Liebe war. Wenn wir den Glauben an Jesus wieder aufbauen, sollten wir eins nicht vergessen: Wenn die Welt Gottes Liebe nicht erfährt, kann sie auch nicht durch Gottes Liebe verändert werden.

Wenn die Welt Gottes Liebe nicht erfährt, kann sie auch nicht durch Gottes Liebe verändert werden.

Als unsere älteste Tochter, Piper, in die Vorschule ging, wechselten meine Frau und ich uns damit ab, ihr Lunchpaket zu machen. Als ich einmal an der Reihe war, hatte ich eine Idee. Ich fing an, meiner Frau davon zu erzählen, bevor ich sie richtig durchdacht hatte. Das ist nie gut!

»Lisa, ich habe eine Idee!« Ich hatte Pipers leere Brotdose in der Hand. »Ich werde ihr heute kein Mittagessen einpacken. Stattdessen werde ich ihr eine leere Brotdose in den Rucksack stecken. Ich komme dann an die Schule, bevor ihre Klasse zu Mittag isst, und bringe eine Tüte voller mexikanischem Essen von Taco Bell mit. Überbackene Käse-Tortillas und Zimt-Happen! Alle ihre Lieblingsspeisen.«

»Ich glaube nicht, dass das eine gute Idee ist«, antwortete Lisa. Das war nicht die Antwort, die ich mir erhofft hatte.

»Warum? Sie wird ihre leere Brotdose herausholen, wenn sie um die Ecke zur Cafeteria biegt, und dann – *tada!* – werde ich da sein und sie überraschen. So werde ich Vater des Jahres!« Ich hatte ja keine Ahnung, was alles schiefgehen konnte.

»Preston, was ist, wenn sie früher Hunger bekommt und etwas essen will? Du weißt, wie traurig sie sein wird, wenn sie denkt, wir hätten ihr nichts mitgegeben. Pack ihr bitte etwas zu essen ein.«

»Okay. Du hast recht«, gab ich zu. Aber ich tat es nicht. Ich steckte eine leere Brotdose in Pipers Rucksack. *Was kann dabei schon schiefgehen?*, dachte ich mir.

Ich kam wie geplant fünfzehn Minuten bevor die Kinder zum Mittagessen gehen würden, an der Schule an. Ich hatte die Tüte voller Leckereien von Taco Bell in der Hand. Genug für Piper und alle ihre Freundinnen. Ich konnte hören, wie ihre Klasse durch den Korridor auf mich zukam. Das sonst so fröhliche Geplapper war irgendwie gedämpft. Jemand weinte. *Moment mal… dieses Weinen kenne ich doch*, dachte ich. Das war Piper! Kaum hatte ich es bemerkt, hörte ich, wie eine ihrer Freundinnen zu ihr sagte: »Du kannst die Hälfte von meinem Schinkensandwich haben.«

Eine andere Freundin schloss sich rasch an: »Ich habe Kekse, willst du einen?«

Oh, nein! Lisa hatte recht. Es war eine schreckliche Idee gewesen: Piper sah eine leere Brotdose, und sie war wahrscheinlich hungrig. Als sie um die Ecke bog, sah sie mich. Piper schämte sich für ihre leere Brotdose und lief nicht einmal zu mir.

Ihre Lehrerin führte die Reihe an. »Herr Ulmer, wussten Sie, dass Sie vergessen haben, Piper etwas zu essen einzupacken?« Ich ignorierte die Lehrerin.

»Piper, komm her!«, sagte ich. Sie setzte sich auf meinen Schoß, ihre Wangen noch immer nass von Tränen. »Schatz, ich habe dir eine ganze Tüte von Taco Bell mitgebracht! Es tut mir leid, dass ich dir das nicht gesagt habe. Ich dachte, es wäre eine tolle Überraschung, aber stattdessen war es einfach nur peinlich.« Pipers Gesichtsausdruck lag zu diesem Zeitpunkt irgendwo zwischen Weinen und einem Lächeln. Ich fuhr fort: »Wenn du jemals wieder feststellen solltest, dass deine Brotdose leer ist, kannst du sicher sein, dass Papa mit einer Tüte von Taco Bell um die Ecke kommt! Mit mehr, als du essen kannst. Genug für alle deine Freundinnen.«

Wir umarmten uns. Endlich lächelte sie. Ich wandte mich an ihre Freundinnen und dankte ihnen, dass sie ihr Essen angeboten hatten. »Willst du hiervon was anstelle deines Schinkensandwichs?«, fragte ich eine der großzügigen Vierjährigen.

»Ja!« Taco Bell oder Schinkensandwich? Die Frage erübrigt sich.

Ohne die unverwechselbare Lehrmeinung unserer jeweiligen christlichen Gemeinschaft fühlen wir uns, als sei unsere Brotdose leer. Die ganze Zeit über sagt uns der Vater, dass er etwas hat, das uns alle eint. Etwas, das besser ist als die Dinge, die wir auf einer Website oder in einem Kurs für Neueinsteiger unterbringen können. Er hat uns Brot und Wein angeboten. Das Sakrament, das uns alle zusammenbringen soll. In der Nacht, bevor Jesus starb, betete er das, was gemeinhin als das Hohepriesterliche Gebet bezeichnet wird. Es war ein Gebet um die Einheit der Menschen in seinem

Umfeld. Später, als er mit seinen Jüngern aß, machte er ihnen deutlich, wie sein Leib und sein Blut sie zusammenführen sollten. Seine Worte, sein Leben, sein Tod und seine Auferstehung lehren uns, dass Jesus das große Mahl ist, das wir alle teilen sollen. Wir sollten uns nicht mit weniger zufriedengeben, sondern uns darum bemühen, unsere Brotdosen zu leeren. Der Vater wartet gleich um die Ecke!

Das Gesicht am Felshang

Wenn sich der Staub gelegt hat, was sieht man dann in der Felswand?

Wen werden die Menschen sehen, wenn sie deinen Glauben betrachten? Sehen sie deine Konfession und deine Vorlieben?

Unsere Unnachgiebigkeit in Fragen des Glaubens wird die Welt nicht verändern. Das wird nur die Unnachgiebigkeit unserer Liebe erreichen.

Wenn du aufgrund deiner Zugehörigkeit zu einer bestimmten »Mannschaft« nicht in der Lage bist, Menschen so zu lieben, wie Jesus sie lieben würde, ist es an der Zeit, dein Trikot abzugeben.

Sieht man die Bibel, wenn man dich sieht? Das ist immer noch nicht gut genug. Die Bibel erzählt uns Geschichten über Gott, aber sie ist nicht die Hoffnung der Welt. »Ihr forscht in der Schrift, weil ihr glaubt, dass sie euch das ewige Leben geben kann. Und gerade sie verweist auf mich! Dennoch weigert ihr euch, zu mir zu kommen, damit ich euch das ewige Leben schenken kann« (Johannes 5,39-40).

Sieht man deine Sichtweise von Gott, wenn man dich anschaut? Wir kämpfen einen aussichtslosen Kampf, wenn wir meinen, die Welt müsse von Gott genauso denken wie wir. Ich freue mich darauf, im Himmel mit Menschen aus allen Stämmen und Nationen zu sprechen. Ich möchte erfahren, wie sie Gott gesehen haben, als sie auf der Erde waren. Das bedeutet nicht, dass Gott für jeden nach Belieben zu haben ist. Es bedeutet nur, dass du nicht das Monopol auf dem Markt für Gott hast. Der Glaube ist ein Paradox, schon vergessen?

Oder sieht man Jesus, wenn man dich betrachtet? Dieses ergreifend schöne Bild von Gott selbst, dem man nicht ausweichen kann. Jesus, der sich dreiunddreißig Jahre lang unter uns niederließ, um alle verzerrten Ansichten über Religion zu korrigieren. Den Messias, der kühn den Berg in die Luft sprengte und das Bild von Mose und Elia durch sein eigenes ersetzte. Den, den die Religiösen schon immer kreuzigen wollten. Jesus, den liebevollen Freund der Sünder. Den, der sich weigerte, sich von der Macht verbiegen zu lassen, egal wie wohlmeinend seine Anhänger auch waren. Er floh vor der Macht und in die Liebe. Jesus, den rücksichtslos Liebenden, der bereitwillig in den Rachen des Todes ging, um die Welt von Gottes Liebe zu überzeugen. Jesus, an den alle glauben wollen, dem aber niemand folgen will.

Die Welt muss nicht mehr davon hören, *was* wir glauben. Sie muss mehr davon sehen, *an wen* wir glauben.

Wenn die Menschen auf deinen Glauben schauen, sehen sie dann diese Version von Gott? Den Gott, der selbst Mensch wurde, um zu erklären: »So bin ich. Ich sehe nicht so aus. Ich sehe *so* aus!«?

Vielleicht ist die eigentliche Frage: Was siehst *du*, wenn du an Gott denkst?

Mein Herz sehnt sich danach, Jesus zu sehen, wenn ich an Religion denke, aber so weit bin ich noch nicht. Deshalb gebe ich bereitwillig zu, dass ich ein Dekonstruierender bin. Was ist mit dir? Kannst du sagen, dass die größte Freude in deinem Leben darin besteht, die Welt so zu lieben, wie Jesus es tat? Oder besteht die größte Freude deines Lebens darin, Menschen von Gott zu erzählen?

Die Welt muss nicht mehr davon hören, *was* wir glauben. Sie muss mehr davon sehen, *an wen* wir glauben.

Der Gedanke, der hinter diesem Buch steht, ist der, dass die Religion der Berg ist. Aber kürzlich kam mir noch ein anderer Gedanke.

Was, wenn *wir* der Berg sind?

Was, wenn ich das Hindernis bin für die Glaubensreise eines anderen?

Was, wenn ich das unbewegliche Objekt bin, von dem die Leute frustriert sind?

Die Antwort bleibt dieselbe: Ich muss mich in das Ebenbild Jesu verwandeln lassen.

FAZIT: EIN CHRISTENTUM FÜR UNSERE KINDER

»Wahrheit«, sagte ein Reisender,
»Ist ein Hauch, ein Wind,
Ein Schatten, ein Phantom;
Lange habe ich sie gesucht,
Doch hab ich nie auch nur
Den Saum ihres Gewands berührt.«

STEPHEN CRANE, BLACK RIDERS AND OTHER LINES

Der Geist, der sich für eine neue Idee öffnet,
kehrt nie zu seiner ursprünglichen Größe zurück.

ALBERT EINSTEIN

Im Jahr 2012 wurde ein Mann namens David Ellis Dickerson von der Showsendung *The American Bible Challenge with Jeff Foxworthy* eingestellt. Seine Aufgabe? »Sich spannende, familienfreundliche Fragen über die Bibel auszudenken.« Das Problem war, dass er keine Fragen stellen durfte, die anstößig waren oder selbst zu Fragen im Blick auf die Zuverlässigkeit der Bibel anregen würden. Fragen, die weitere Fragen aufwerfen würden, waren nicht erlaubt. Als er von seiner Arbeit für diese Sendung erzählte, sagte Dickerson, dass diese Kriterien alle Propheten bis auf einen und alle Fragen über die Kreuzigung ausschlossen. »Die Leute sitzen beim Essen [während sie das sehen]«, wurde ihm gesagt. Man befürchtete wirklich, die Kinder der Zuschauer könnten mit der Bibel in Berührung kommen.

»Also«, sagte David, »haben wir gelogen ... Dabei haben wir unserem christlichen Markt die Art von bekömmlicher, einheitlicher, spannender Bibel verkauft, an die die Leute tatsächlich glauben. Und nicht die chaotische, verworrene, faszinierende Bibel, die wir tatsächlich haben.« Leider hat es funktioniert. Die Premiere dieser Sendung hatte die höchsten Einschaltquoten aller Shows in der Geschichte des Senders Gameshow Network.[108] Die Amerikaner sahen sich diese Show an, ohne zu wissen, dass die Autoren hinter den Kulissen den Auftrag hatten, sie spannend und familienfreundlich zu gestalten. Das Problem ist nur, dass das genau die Art von Christentum ist, von der unsere Kinder und Angehörigen und Freunde sich abwenden.

Über Menschen zu schreiben, die ihren Glauben verlieren, ist nicht etwas, das mir Spaß macht. Die Geschichten auf diesen Seiten geben uns eine Menge zu verarbeiten, und hinzu kommt, wie ich wohl noch ergänzen sollte, dass wir alle zusätzlich zu dieser Verarbeitung an jemanden erinnert werden (vielleicht sogar an uns selbst), der sich auf einem ähnlichen Weg befindet. Ich wünsche dir für die Verarbeitung dessen, was du hier liest, eine große Dosis Gnade und geistlichen Mumm. Einige der Lebensgeschichten, die mir bisher am besten gefallen, sind in den verletzlichen Worten von Menschen festgehalten, die am Rande leben. Mit »Rand« meine ich den heiligen Raum, in dem man die Aspekte des Christentums, die nicht zu einem Gott nach Jesu Art passen, abtrennt und sich davon löst. Manche Christen denken, dass Menschen, die das tun, am Rand stehen; ich denke, wer so denkt, steht am Rand. Meine Tochter trägt ein T-Shirt mit der Aufschrift »Freundliche Menschen sind meine Freunde«. Ich sollte mir eins machen, auf dem steht: »Menschen am Rand sind freundliche Menschen.« Sicherlich weißt du, von welcher Art Menschen ich spreche.

Manche haben der Kirche den Rücken gekehrt, weil die »christliche Kultur« zu weit von der Realität entfernt ist. Andere haben die christliche Kultur verlassen, aber eine innere Verbundenheit mit der Kirche behalten. Manche haben aufgehört, ihre Bibel zu lesen, weil sie auf subtile (oder auch weniger subtile) Weise im Namen Gottes missbraucht worden sind. Andere sehen es als ihre Aufgabe an, nun erst recht tiefer in die Bibel einzusteigen, um die gegen sie verwendeten »Totschlag-Passagen« in den richtigen Kontext zu stellen.

Manche fluchen. Andere reden kaum.

Manche brechen mit dem Christentum. Andere wehren sich gerade mit aller Kraft.

Manche wollen die Christen retten. Andere wollen nichts mehr mit ihnen zu tun haben.

Manche kämpfen für mehr Integration. Andere wollen überhaupt nicht einbezogen werden.

Ich mache mir keine Illusionen, dass dieses Buch ein Bestseller sein wird. Wenn das mein Ziel wäre, würde ich ein Buch schreiben, das Dekonstruktion und alle ihre Anhänger verurteilt. Alles, was die »Wir-gegen-sie«-Haltung befördert, verkauft sich gut, aber ich könnte so etwas nie mit gutem Gewissen schreiben. Mir ist klar, dass sich bei diesem Thema nichts sicher oder angenehm anfühlt, vor allem nicht, wenn man schon eine Weile in der christlichen Welt unterwegs ist und dazugehört. Es ist einfacher, dabeizubleiben, sich nicht aus der Deckung zu wagen und auf den Himmel zu warten. Schon kapiert.

Ich habe dieses Buch nicht in der Hoffnung geschrieben, es würde meinen Lesern ein Wohlfühlerlebnis verschaffen. Meine Hoffnung war, dass du und ich einmal versuchen, unseren Familien und Freunden einen Blick auf den gekreuzigten Gott zu ermöglichen. Auf den Gott, der sich mehr Fragen wünscht, nicht weniger. Auf den Gott, dessen Geschichte chaotisch ist, weil sie immer mit der unseren verwoben ist. Auf die Art von Gott, die sich nicht durch Traditionen oder Kirchen einschränken lässt. Meine Hoffnung galt aber nicht nur meinen Freunden und Angehörigen. Sie gilt auch dir. Ich glaube nicht, dass *du* mit der Art von Christentum, die dir geboten wurde, zufrieden bist.

Es gibt eine andere Art und Weise, seinen Platz in der Welt wahrzunehmen. Und zwar als Arbeiter am Berg, nicht als Zuschauer. Jeder von uns hat andere Werkzeuge, die als Dynamit wirken. Meins ist vielleicht die Tastatur eines Computers, deins vielleicht eine Kanzel. Oder der Pausenraum auf der Arbeit. Oder die Monotonie des Erziehungsalltags. Füll dein Denken mit Neugier und deinen Tisch mit wissbegierigen Menschen. Mach es dir zur Aufgabe, bei ein paar Leuten im Jahr die Lunte zu zünden, die das überflüssige Gestein wegsprengt. Verdien dir das Vertrauen der Kritiker und Zweifler und knüpfe enge Beziehungen. Hab ein offenes Ohr für Menschen, die verletzt worden sind. Glaub ihnen, was sie berichten. Und hilf ihnen, Wege zu finden, wie sie mehr sagen können.

Füll dein Denken mit Neugier und deinen Tisch mit wissbegierigen Menschen.

Und denk daran …

Dies ist der einzige Weg, der uns voranbringt.

Ich gehe fest davon aus, dass ich diesen Prozess auch einmal mit meinen eigenen Kindern durchlaufen muss. Ich erwarte, dass sie Fragen haben werden, die mir unbequem sind, und dass sie Schlussfolgerungen ziehen werden, die ich für falsch halte. Ich nehme an, dass meine süßen Töchter heftiger mit Gnade und Wahrheit ringen werden, als ich es je getan habe. Ich rechne damit, dass sie meine verschrobene alte Theologie entstauben und ihre Nützlichkeit und Wahrhaftigkeit infrage stellen. Ich erwarte, dass sie eine großzügigere Glaubensauffassung haben werden als ich. Und ich gehe davon aus, dass ich Dinge bereuen werde, hinter denen ich heute entschlossen stehe.

Warum?

Weil ich eher an meinen Kindern festhalten will als an meinen dogmatischen Überzeugungen. Und ich kann mir vorstellen, dass das für dich auch gilt.

DANKSAGUNGEN

Vielen Dank an alle, die mich auf meinem Weg von einem nach Sicherheit suchenden, dogmatischen Christen zu einem neugierigen Jesus-Nachfolger begleitet haben. Für viele von euch (mich eingeschlossen) war es nicht einfach, aber eure Weitherzigkeit, eure Geduld und euer Vertrauen waren die goldenen Straßen des Himmels auf diesem Weg. Ihr habt mir den Weg gezeigt, mich unterstützt und seid an meiner Seite geblieben.

Dieses Buch würde in keinem Regal stehen, wenn NavPress und Tyndale nicht beschlossen hätten, sich dafür einzusetzen. Alle bei NavPress und Tyndale arbeiten unermüdlich daran, die richtige Botschaft zu verbreiten. Ich danke David Zimmerman, Olivia Eldredge, Robin Bermel, J. J. Bode und vielen anderen dafür, dass sie das Risiko eingegangen sind, ein Buch wie dieses zu befürworten. Zu wissen, dass ihr hinter meinen Recherchen und meiner Leidenschaft steht, war an vielen Tagen meine rettende Gnade. Mein besonderer Dank gilt den Lektorinnen Deborah Gonzalez und Elizabeth Schroll. Es ist schwer, Worte zu finden, die der Brillanz dieser beiden Köpfe gerecht werden. Danke auch an meinen Literaturagenten Greg Johnson. Greg, du bist einmalig in der Art, wie du Autoren führst und dein Leben lebst.

Mein Dank gilt meiner Frau Lisa: Seit ich dich kenne, bist du für mich der Maßstab für einen scharfen Verstand und eine mitfühlende Seele. Du hast etwas Besseres getan, als ein Buch über Jesus zu schreiben, denn du hast unseren Kindern jeden Abend eines vorgelesen. Und als die Interviews in diesem Buch mich dazu brachten, vieles zu überdenken, hast du meine Hände gehalten und zugehört. Du bist mein Lieblingsmensch!

Danke an meine Kinder Piper und Brennan: Ich kann meine Neugier im Blick auf Gott zurückverfolgen bis zu eurer Geburt. Ich weiß noch, dass ich dachte: Wenn Gott mich nur halb so sehr liebt, wie ich euch liebe, habe ich die Liebe Gottes gewaltig unterschätzt. Ich hoffe, ihr bewahrt euch etwas Kindliches, wenn ihr Jesus als Erwachsene entdeckt. Was für einen besonderen Glauben ihr finden werdet!

Danke an Mom und Dad: Ihr habt jahrelang dafür gebetet, dass ich immer wieder zum Kreuz zurückkomme. Jetzt ist die Herrschaft des auferstandenen Christus alles, was ich will! Was Gott in und durch eure Ehe getan hat, ist ein Zeugnis dafür, dass der Glaube, den ihr an mich weitergegeben habt, echt ist. Ihr habt mich dazu erzogen, Fragen zu stellen und mich nicht mit weniger als der Wahrheit zufriedenzugeben. Danke, dass ihr mir nie das Gefühl gegeben habt, ein geistlicher Außenseiter in unserem Haus zu sein. Ihr seid beide fantastisch.

Danke an meine Schwiegermutter Joy: Ich werde einen Weg finden, dich in jedem meiner Bücher unterzubringen! Seit Lisa und ich verheiratet sind, haben wir unsere Meinung zu vielen Dingen geändert, aber du hast nie dein Herz uns gegenüber geändert. Du hast dir nicht nur unsere Standpunkte, sondern auch unsere Geschichten angehört. Ich wünsche dir, dass du die Art von Gnade erfährst, die du anderen entgegenbringst.

Danke an meinen Pastor Jeremy Johnson: Weißt du noch, wie wir bei einem guten Frühstück im *George's* über dieses Buch sprachen? Als ich dachte, ich würde zu weit gehen, meintest du, ich würde zu sehr auf Nummer sicher gehen. Danke, dass du mir dieses Thema zugetraut hast. Du bist ein Geschenk für unsere Familie und eine Kraft, mit der man im Mittleren Westen rechnen muss.

Danke an die Pioniere des Doubters' Club in der ganzen Welt: Ihr tut mehr für die Verbreitung dieser Botschaft als jeder andere, den ich kenne. Ihr sammelt die Neugierigen und lasst eine Gemeinschaft von echten Freunden wachsen, die auf gemeinsamem Fragen beruht. Ich bin so beeindruckt von eurer Loyalität gegenüber jedem, der teilnimmt. Macht weiter so!

Danke an die mehr als fünfundsechzig Menschen, die ich auf dieser Reise interviewt habe: Eure Geschichten haben meine Seele beflügelt. Zu Beginn dieses Buches habe ich gesagt, dass ich mich auf unbekanntes Terrain wagen würde und dass damit durchaus Ängste verbunden sind. Ihr seid es, die diese Reise zu einem sicheren Ort gemacht haben. Ich danke euch für eure Tapferkeit und eure Anteilnahme. Ich hoffe, wir werden auch über diese Seiten hinaus immer wieder miteinander im Kontakt sein.

Danke an die Familie des Church Multiplication Network: Ihr seid wirklich eine Familie, die mir sehr am Herzen liegt. Ihr habt einen kämpferischen, optimistischen Blick dafür, wie diese Welt aussehen würde, wenn es darin mehr Menschen gäbe, die Jesus folgen.

Danke an Mike McCrary: Du wirst überrascht sein, deinen Namen hier zu sehen (jemand sollte ihm eine SMS schicken und es ihm sagen). Du hast die Botschaft dieses Buches nie abgelehnt. Du hast mir sogar gesagt, ich solle daraus eine Dissertation machen! Du hast angerufen und nachgefragt, meine Angst vor diesem Projekt geteilt und mich daran erinnert, dass Menschen jede Anstrengung wert sind. Du bist ein besserer Freund, als du weißt!

Danke an Josh Hinman, Justin Bryeans, Andy Lehmann und Jason Bowman: Was gibt es über Menschen von dem Schlag zu sagen, der sowohl von einem inneren Anliegen als auch von Freundschaft angetrieben wird? Ich wünschte, die Welt hätte mehr

Leute eures Schlags. Danke, dass ihr mich immer wieder gefragt habt, wie wir diese Botschaft noch viel weiter verbreiten können, als ich es mir vorstellen kann. Ihr seid für mich ein Grund für große Dankbarkeit.

Und schließlich danke an dich, meine Leserin, meinen Leser! Während ich diese Danksagung schreibe, habe ich keine Ahnung, wie dieses Buch den Weg in deine Hände gefunden hat. Es hat vielleicht Mut erfordert, weiterzublättern. Gratuliere! Bleib dran und stell weiterhin deine Fragen an das, was du zu wissen meinst – im Interesse der Menschen, die Jesus nicht kennen.

ANMERKUNGEN

Einleitung: Ein Plädoyer für Dekonstruktion

1 Übersetzt nach Zitat in John R. W. Stott: *The Cross of Christ,* Jubiläumsausgabe (Downers Grove: IVP Books, 2006), 339.

2 Dietrich Bonhoeffer: *God Is in the Manger: Reflections on Advent and Christmas,* trans. O. C. Dean Jr. (Louisville, KY: Westminster John Knox Press, 2010), 22. Deutsch: London 1933–1935, DBW Band 13, Seite 339f.

3 Das Englische kennt für »Gemeinde« und »Kirche« nur ein Wort: church. »Gemeinde« und »Kirche« sind im Folgenden daher jeweils als synonym und gegeneinander austauschbar zu betrachten.

4 Erzählt nach: Bessel van der Kolk: *The Body Keeps the Score: Brain, Mind, and Body in the Healing of Trauma* (New York: Penguin Books, 2014), 17–18. Dt. unter dem Titel: *Verkörperter Schrecken* (Lichtenau: Probst, 2015).

5 Ebd., 18.

6 Übersetzt nach: Melanie Mudge: »What Is Faith Deconstruction?«, *Sophia Society* (blog), 7. März 2022, https://www.sophiasociety.org/blog/what-is-faith-deconstruction.

7 Jeffrey M. Jones: »U.S. Church Membership Falls Below Majority for First Time«, Gallup, 29. März 2021, https://news.gallup.com/poll/341963/church-membership-falls-below-majority-first-time.aspx.

8 Übersetzt nach: John Marriot: *The Anatomy of Deconversion: Keys to a Lifelong Faith in a Culture Abandoning Christianity* (Abilene, TX: Abilene Christian University Press, 2020), 198.

Kapitel 1: Dekonstruktion ist Teil unseres geistlichen Erbes

9 Übersetzt nach: Upton Sinclair: *I, Candidate for Governor: And How I Got Licked* (Berkeley: University of California Press, 1994), 109.

10 Mark U. Edwards Jr.: *Printing, Propaganda, and Martin Luther* (Berkeley: University of California Press, 1994), https://publishing.cdlib.org/ucpressebooks/view?docId=ft3q2nb278&chunk.id=d0e303&toc.depth=1&toc.id=d0e303&brand=ucpress. Siehe Tabelle 1, »Totals (Latin + German)«, Spalte für zitierte Jahre.

11 David M. Whitford: »The Papal Antichrist: Martin Luther and the Underappreciated Influence of Lorenzo Valla«, Renaissance Quarterly 61, Nr. 1 (Frühling 2008), 26–52, https://doi.org/101353/ren.2008.0027.

12 »Henry VIII, Martin Luther and Defense of the Seven Sacraments«, *A Bit of Henry Love* (blog), https://bluffkinghal.wordpress.com/2012/03/13/henry-viii-martin-luther-and-defense-of-the-seven-sacraments/.

13 »The Prophets«, BibleProject, YouTube, https://www.youtube.com/watch?v=edcqUu_BtN0.

14 Übersetzt nach: »The Prophets«, BibleProject.

Kapitel 2: Mehr Fragen als Antworten

15 Die Black Hills – wo sich der Mount Rushmore befindet – gehören dem Volk der Lakota. Ihr Besitz wurde im Vertrag von Fort Laramie 1868 anerkannt, aber dieser Vertrag wurde von der US-Regierung nicht eingehalten. Die Lakota hatten kein Mitspracherecht bei der Umwandlung ihres heiligen Berges, Six Grandfathers, in die als Mount Rushmore bekannte Touristenattraktion. https://www.nationalgeographic.com/travel/article/the-strange-and-controversial-history-of-mount-rushmore; und https://www.youtube.com/watch?v=hX4IvoP1HTk.

16 Dylan Mancy: »75 Surprising Facts about Mount Rushmore«, *Matador Network*, 21. April 2020, https://matadornetwork.com/read/75-surprising-facts-mount-rushmore/.

17 Übersetzt nach: Jefferson Bethke: »Why I Hate Religion, But Love Jesus: Spoken Word«, *Jeff & Alyssa*, YouTube, 10. Januar 2012, 4:03, https://www.youtube.com/watch?v=1IAhDGYlpqY.

18 Nach Ansicht etlicher Neutestamentler ist der Jakobusbrief der früheste neutestamentliche Brief. Das würde bedeuten, dass er zwischen 45 und Anfang 50 n. Chr. verfasst wurde. Dies könnte der Grund dafür sein, dass Jakobus das Jerusalemer Konzil nie erwähnt. Vielleicht schrieb er diesen Brief, bevor das Konzil irgendeine autoritative Gültigkeit für die Judenchristen erlangt hatte. Da Jakobus den größten Teil, wenn nicht sogar sein ganzes Leben in Jerusalem verbrachte, wäre es ziemlich seltsam, wenn er einen Brief über christliche Aktivitäten geschrieben und das Konzil nicht erwähnt hätte. Ich verteidige die frühe Datierung dieses Briefes nur aus einem Grund. Wenn sie zutrifft, dann definiert der Jakobusbrief für uns mehr als nur den Begriff Religion.

19 Bethke: »Why I Hate Religion, But Love Jesus«.

20 Name wurde geändert, um die Persönlichkeitsrechte zu schützen.

21 Übersetzt nach: Os Guinness: *Fool's Talk: Recovering the Art of Christian Persuasion* (Downers Grove, IL: IVP Books, 2015), 121.

22 Übersetzt nach: Stephen I. Wright: *Jesus the Storyteller* (Louisville, KY: Westminster John Knox Press, 2015), 9.

23 Henri J. M. Nouwen: *The Return of the Prodigal Son*, Jubiläumsausgabe (New York: Convergent, 2016), 21. Nimm sein Bild in dein Herz. Geistliche Deutung eines Gemäldes von Rembrandt. 7. Aufl. (Freiburg: Herder 1991), 30.

24 Ebd., 48 (englisch) bzw. 56 (deutsch).

25 Übersetzt nach: Tisa Wenger: »Discriminating in the Name of Religion? Segregationists and Slaveholders Did It, Too«, *Washington Post*, 5. Dezember 2017, https://www.washingtonpost.com/news/made-by-history/wp/2017/12/05/discriminating-in-the-name-of-religion-segregationists-and-slaveholders-did-it-too/.

26 Nathan McAlone: »Over 68 Million People Watched Documentaries on Netflix in 2016 – and It's Helping Them Have a Big Impact«, *Insider*, 10. März 2017, https://www.businessinsider.com/netflix-is-a-documentary-powerhouse-heres-why-2017-3.

27 McAlone: »Over 68 Million People«.

Kapitel 3: Dekonstruktion und Dekonversion

28 *Jacques Derrida*, Übs. Geoffrey Bennington (Chicago: University of Chicago Press, 1993), 10. Deutsch: Jacques Derrida. Ein Portrait von Geoffrey Bennington und Jacques Derrida. 3. Auflage. Berlin: Suhrkamp 2001.

29 Der Begriff deconversion leitet sich von conversion, »Bekehrung«, ab und bezeichnet ihr Gegenteil, also die Abkehr vom Glauben.

30 Übersetzt nach Dorothy Day: »In Peace Is My Bitterness Most Bitter«, *Catholic Worker* 33, Nr. 4 (Januar 1967), 1-2.

31 *Field of Dreams*, directed by Phil Alden Robinson (Universal Pictures, 1989).

32 St. John of the Cross: *The Dark Night of the Soul by St. John of the Cross*, Übs. David Lewis (London: Thomas Baker, 1908).

33 Cathy Lynn Grossman: »Christians Drop, ›Nones‹ Soar in New Religion Portrait«, *USA Today*, 12. Mai 2015, https://www.usatoday.com/story/news/nation/2015/05/12/christians-drop-nones-soar-in-new-religion-portrait/27159533/.

Kapitel 4: Dekonstruktion und Autorität

34 William Shakespeare: *Shakespeares dramatische Werke: Einleitung. Maß für Maß. Timon von Athen. König Lear. Troilus und Cressida*. Berlin: G. Grote'sche Verlagsbuchhandlung 1879, S. 37.

35 María Cecilia Botero als Stimme von Abuela Alma in *Encanto*, Regie Jared Bush, Byron Howard und Charise Castro Smith (Walt Disney Animation Studios, 2021), Disney+.

36 John Leguizamo als Stimme von Bruno in *Encanto*.

37 Übersetzt nach Zitat in https://drivethruhistory.com/destruction-of-the-temple-foretold-by-jesus/. From Flavius Josephus: *The Wars of the Jews or History of the Destruction of Jerusalem*, Buch VII, Kapitel 1, Absatz 1.

38 Rabbi Louis Jacobs: »Who Were the Tannaim and the Amoraim?«, *My Jewish Learning*, aufgerufen am 8. Juni 2022, https://www.myjewishlearning.com/article/tannaim-amp-amoraim/.

39 Robert Goldenberg: »Early Rabbinic Explanations of the Destruction of Jerusalem«, *Journal of Jewish Studies* 33, Nr. 1-2 (1982): 517–525.

40 Mike Cosper: »Who Killed Mars Hill?«, 21. Juni 2021, in *The Rise and Fall of Mars Hill*, produziert von Mike Cosper, Podcast, 56:11, https://www.christianitytoday.com/ct/podcasts/rise-and-fall-of-mars-hill/who-killed-mars-hill-church-mark-driscoll-rise-fall.html.

41 Phyllis Tickle: *The Great Emergence: How Christianity Is Changing and Why* (Grand Rapids, MI: Baker Books, 2008), 16, 19.

42 Name wurde geändert, um die Privatsphäre zu schützen.

43 Übersetzt nach: Joseph Conrad: *Victory* (New York: Modern Library, 1921), x–xi.

44 Das belegen die 65 Interviews, die ich für dieses Buch geführt habe.

45 Übersetzt nach: Philip Yancey: *The Jesus I Never Knew* (Grand Rapids, MI: Zondervan, 1995), 39. Dt. unter dem Titel: *Der unbekannte Jesus* (Witten: SCM R.Brockhaus, 2004).

46 Dictionary.com, s. u. »authoritarian (adj.)«, aufgerufen am 6. Oktober 2022, https://www.dictionary.com/browse/authoritarian.

Kapitel 5: WWJD? (Was würde Jesus dekonstruieren?)

47 Name geändert, um die Persönlichkeitsrechte zu wahren.

48 Bart D. Ehrman: *Did Jesus Exist?: The Historical Argument for Jesus of Nazareth* (New York: HarperOne, 2012), Kap. 1.

49 Diese drei Positionen werden dargestellt in »Christians & Politics: Where Do You Stand?«, ReKnew.org, 25. Oktober 2016, https://reknew.org/2016/10/christians-politics-stand/, nach Gregory A. Boyd und Paul Rhodes Eddy: *Across the Spectrum: Understanding Issues in Evangelical Theology* (Grand Rapids: Baker Academic, 2009).

50 Ebd.

51 Ebd.

52 Maggie Severns: »In Final Years at Liberty, Falwell Spent Millions on Pro-Trump Causes«, *Politico*, 14. Dezember 2020, https://www.politico.com/news/2020/12/14/jerry-falwell-trump-liberty-university-444661. Warum hat Jerry Falwell Jr. schließlich beschlossen, Donald Trump zu unterstützen? Michael Cohen, der ehemalige Anwalt von Präsident Trump (der sich selbst als »Strippenzieher und ausgewiesenen Rowdy« bezeichnet), hat sich dazu in seinem Buch *Disloyal: A Memoir* geäußert. Darin spricht Cohen über die Rolle, die er bei der Sicherung von Falwells Stimme spielte, indem er versprach, einige anzügliche persönliche Fotos der Falwells aus der Öffentlichkeit herauszuhalten. Einige Jahre zuvor hatte Cohen den Falwells einen anderen Gefallen getan. Jerry wollte seine Tochter zu einem Justin-Bieber-Konzert mitnehmen und bat Cohen um ein paar Karten. Cohen machte es möglich. Damals ahnte Falwell noch nicht, dass dies die teuersten Bieber-Tickets sein würden, mit denen je gehandelt wurde.
Im Vorfeld der Wahl 2016 gab es zwei große Gefälligkeiten, die auf Cohens Konto gingen – Bieber-Tickets und die Geheimhaltung unanständiger Fotos von Jerry und seiner Frau Becki. »Wie ein paar Jahre zuvor die Bieber-Tickets würde dies einen großen Einfluss auf die Wahl 2016, die Evangelikalen, den Obersten Gerichtshof und das Schicksal der Nation haben«, schreibt Cohen. »Zur rechten Zeit würde ich eine Revanche für diese Gefälligkeiten einfordern, nicht für mich, sondern für den Boss, in einem entscheidenden Moment auf seinem Weg zur Präsidentschaft.«

53 *Fixer and designated thug*: Michael Cohen: *Disloyal. A Memoir: The True Story of the Former Personal Attorney to President Donald J. Trump* (New York: Skyhorse, 2020), Vorwort. *Like the Bieber favor*: Zitiert in Aram Roston, »Trump's Ex-lawyer Cohen Links Falwell's Endorsement in 2016 to Suppression of Racy Photos«, Reuters, 8. September 2020, https://www.reuters.com/article/us-usa-falwell-endorsement/trumps-ex-lawyer-cohen-links-falwells-endorsement-in-2016-to-suppression-of-racy-photos-idUSKBN25Z2S0.

54 Robert Costa and Jenna Johnson: »Evangelical Leader Jerry Falwell Jr. Endorses Trump«, *Washington Post*, 26. Januar 2016, https://www.washingtonpost.com/news/post-politics/wp/2016/01/26/evangelical-leader-jerry-falwell-jr-endorses-trump/.

55 Severns: »In Final Years at Liberty«.

56 Bradley Onishi: »The Rise of #Exvangelical«, *Religion & Politics*, 9. April 2019, https://religionandpolitics.org/2019/04/09/the-rise-of-exvangelical/.

57 Michael Allen Gillespie: »The Inevitable Entanglement of Religion and Politics«, in *Politics, Religion and Political Theology*, Hg. C. Allen Speight und Michael Zank (Dordrecht, Netherlands: Springer, 2017), 57.

58 Gregory Boyd: »The Bible, Government and Christian Anarchy«, ReKnew.org, 23. Januar 2008, https://reknew.org/2008/01/the-bible-government-and-christian-anarchy/.

59 Pete Williams: »Supreme Court Stays Out of Ten Commandments Fight«, *NBC News*, aktualisiert am 16. Oktober 2017, https://www.nbcnews.com/politics/supreme-court/supreme-court-stays-out-ten-commandments-fight-n811071.

60 Linda Kay Klein: *Pure: Inside the Evangelical Movement That Shamed a Generation of Young Women and How I Broke Free* (New York: Atria Paperback, 2018), 13.

61 Definition von Marlene Winell, zitiert in Klein: *Pure*, 171.

Kapitel 6: Benenne die Einzelheiten

62 Christopher Klein: »How Kentucky Became the World's Bourbon Capital«, History.com, aktualisiert am 1. September 2018, https://www.history.com/news/how-kentucky-became-the-worlds-bourbon-capital.

63 David G. Benner: *The Gift of Being Yourself: The Sacred Call to Self-Discovery*, erw. Ausg. (Downers Grove, IL: IVP Books, 2015), 16.

64 Religion and Ethics Newsweekly: »Sam Harris Extended Interview«, 18. November 2006, geposted am 5. Januar 2007, https://www.pbs.org/wnet/religionandethics/2007/01/05/january-5-2007-sam-harris-extended-interview/3736/#:~:text=A%3A%20It's%20not%20so%20much,things%20they%20clearly%20cannot%20know.

65 David P. Gushee: *After Evangelicalism: The Path to a New Christianity* (Louisville, KY: Westminster John Knox Press, 2020), 49.

66 Der Ausdruck »a hill to die on« hat die übertragene Bedeutung, sich mit aller Kraft und um jeden Preis für ein Ziel oder eine Überzeugung einzusetzen. Er wird oft mit einem negativen oder scherzhaften Unterton gebraucht, der bezweifelt, dass die persönlichen Kosten gerechtfertigt sind (»This is not a hill I want to die on!«, »Is this the hill you want to die on?«), vgl. https://www.collinsdictionary.com/submission/25060/a+hill+to+die+on. – Hier geht es um die innerkirchlichen Kämpfe, die wir schon mit aller Kraft ausgefochten haben, deren Sinn man aber infrage stellen muss.

67 Justin Brierley: »Can a Doubter Find a Place in the Church? Preston Ulmer and Gaia McDermott«, 28. Januar 2022, in: *Unbelievable?*, Podcast, 1:09:57, https://www.youtube.com/watch?v=gwt26BTS4TM.

68 Übersetzt nach dem (dort ins Englische übersetzten) Zitat in Warren W. Wiersbe: *Wiersbe's Expository Outlines on the New Testament* (Colorado Springs: Victor, 1992), 59.

69 Mehr über David Gushee siehe https://davidpgushee.com/about/.

70 Jackson Wu: *One Gospel for All Nations: A Practical Approach to Biblical Contextualization* (Pasadena, CA: William Carey Library, 2015), Einführung.

Kapitel 7: Finde die Quelle

71 Daniel Luzer: »How Lobster Got Fancy«, *Pacific Standard*, aktualisiert 14. Juni 2017, https://psmag.com/economics/how-lobster-got-fancy-59440.

72 Ebd.

73 Ebd.

74 Ebd.

75 Ebd.

76 Ebd.

77 Ebd.

78 Zitiert in Luzer: »How Lobster Got Fancy«.

79 »Persuasion for the New World: An Interview with Dr. Os Guinness«, *Crucible* 4, Nr. 2 (Sommer 1992): 15; zitiert in Mark A. Noll: *The Scandal of the Evangelical Mind* (Grand Rapids, Eerdmans, 1994), 23.

80 C. E. B. Cranfield: *The Gospel According to Saint Mark*, Cambridge Greek Testament Commentary (Cambridge: Cambridge University Press, 1956), 237.

81 Steve Carell als Michael Scott in »Money«, *The Office*, Staffel 4, Folge 4, erstmals ausgestrahlt am 18. Oktober 2007 auf NBC.

82 Übersetzt nach: Stanley Hauerwas: *Resident Aliens: Life in the Christian Colony*, erw. Jubiläumsausgabe (Nashville: Abingdon Press, 2014), 85.

83 Paul Arnsberger et al.: »A History of the Tax-Exempt Sector: An SOI Perspective«, *Statistics of Income Bulletin* (Winter 2008): 105–135, https://www.irs.gov/pub/irs-soi/tehistory.pdf.

84 Wer sich näher mit dieser Politik beschäftigen möchte, dem empfehle ich Kristin Kobes Du Mez: *Jesus and John Wayne: How White Evangelicals Corrupted a Faith and Fractured a Nation* (New York: Liverlight, 2020).

85 Ebd., 297–298.

86 Jessica Hugenberg (@welcometotheprocess); https://www.instagram.com/welcometotheprocess/.

87 Zitiert in Jean M. Twenge: *iGen: Why Today's Super-Connected Kids Are Growing Up Less Rebellious, More Tolerant, Less Happy – and Completely Unprepared for Adulthood, and What That Means for the Rest of Us* (New York: Atria, 2017), 156.

88 C. S. Lewis: *Out of the Silent Planet* (New York: Scribner, 2003), 56. C. S. Lewis: *Jenseits des schweigenden Sterns. Die Perelandra-Trilogie, Band 1*. Moers: Brendow, 2013.

Kapitel 8: Rede über die Auswirkungen

89 Dana Arcuri: *Sacred Wandering: Growing Your Faith in the Dark* (Selbstverlag, 2019), 45.

90 Ich hörte dieses Zitat von George Harrison, aber die Originalquelle ist: *The Complete Works of Swami Vivekananda*, Teil I, 2. Aufl. (Mayavati: Prabuddha Bharata Office, 1915), 147.

91 Judith E. Glaser: *Conversational Intelligence: How Great Leaders Build Trust and Get Extraordinary Results* (New York: Bibliomotion, 2014), xxii.

92 Ebd., xiii.

93 Ebd., 8.

94 Glaser: *Conversational Intelligence*, 121–122. »Conversational Dashboard«, image copyright © 2014; reproduced by permission of Taylor and Francis Group, LLC, a division of Informa plc.

95 Marco Iacoboni: *Mirroring People: The Science of Empathy and How We Connect with Others* (New York: Picador, 2009). Dt. unter dem Titel: *Woher wir wissen, was andere denken und fühlen: die neue Wissenschaft der Spiegelneuronen* (München: Dt. Verlagsanstalt, 2009).

Kapitel 9: Lass dich auf das ein, was bleibt

96 C.S. Lewis: *Mere Christianity* (New York: Harper Collins 2009). Dt. unter dem Titel: *Pardon, ich bin Christ. Meine Argumente für den Glauben* (Basel: Brunnen 1977), 172.

97 Zitiert in Max Lucado: *In the Eye of the Storm: Jesus Knows How You Feel* (Nashville: Thomas Nelson, 1991), 107–108. Dt. unter dem Titel: *Ruhe im Sturm* (Holzgerlingen: Hänssler, 2004), 97f.

98 Im Englischen steht hier das Wort reconcile, das sowohl »in Einklang bringen« als auch »versöhnen« bedeuten kann.

99 »A Conversation with Joan D. Vinge« in Joan D. Vinge: *The Snow Queen*, Jubiläumsausgabe (New York: Tor, 2015), 473.

100 Zitiert in Bruce Larson: *No Longer Strangers* (Waco, TX: Word Books, 1971), 35–36. Public domain (gemeinfrei). Deutsch unter dem Titel: *Keiner soll mehr draußen stehen* (Metzingen: Ernst Franz Verlag 1974), 32–33.

101 J. Vernon McGee: *Matthew Chapters 1-13* (Nashville: Thomas Nelson, 1995), 72. – »Seinshaltungen« ist hier die Übersetzung von be-attitudes in Anlehnung an engl. Beatitudes für »Seligpreisungen« (Anm. der Übersetzerin).

102 Der Satz »Gib mir Freiheit oder gib mir den Tod« wird dem amerikanischen Politiker Patrick Henry zugeschrieben. Er stand angeblich am Ende seiner Rede vor der Second Virginia Convention, in der er sich am 23. März 1775 für die Entsendung von Truppen in den Unabhängigkeitskrieg gegen die britische Kolonialmacht aussprach. Das Zitat ist zum geflügelten Wort in

den USA geworden. https://en.wikipedia.org/wiki/Give_me_liberty,_or_give_me_death!

103 G. K. Chesterton: *Orthodoxy* (New York: John Lane Co., 1908), 223. Deutsch unter dem Titel: *Orthodoxie* (Dinslaken: Athene-Media 2023).

104 Übersetzt nach dem Zitat in Joe Carter: »9 Things You Should Know about G. K. Chesterton«, *Gospel Coalition*, 14. Juni 2021, https://www.thegospelcoalition.org/article/should-know-chesterton/.

105 »A line in the sand« hat im Englischen die Bedeutung »rote Linie«; hier wird mit der Doppeldeutigkeit des biblischen Wortlauts gespielt (Anm. d. Übs.).

106 Michael Foust: »Skillet's John Cooper: It's Time to ›Declare War‹ on the Deconstruction Movement«, ChristianHeadlines.com, 10. Februar 2022, https://www.christianheadlines.com/contributors/michael-foust/skillets-john-cooper-its-time-to-declare-war-on-the-deconstruction-movement.html.

107 Dictionary.com, s. u. »paradox (n.)«, https://www.dictionary.com/browse/paradox.

Fazit: Ein Christentum für unsere Kinder

108 »Fact-checking the Bible: David Ellis Dickerson,« TED Archive, YouTube, 6. Juni 2018, 7:40, https://www.youtube.com/watch?v=7MnCjpw7iBI.